clv

Angela Little / Tony Anthony

DER SCHREI DES TIGERS

DIE ERSTAUNLICHE GESCHICHTE VON TONY ANTHONY, EINEM KUNG-FU-WELTMEISTER

dLv

Christliche Literatur-Verbreitung e. V.
Postfach 11 01 35 · 33661 Bielefeld

1. Auflage 2012

© 2006 by Angela Little and Tony Anthony,
published by Authentic Media, 9 Holdom Avenue, Bletchley,
Milton Keynes, Bucks, MK1 1QR, England
Originaltitel: Cry of the Tiger

© der deutschen Ausgabe 2012 by CLV
Christliche Literatur-Verbreitung
Postfach 11 01 35 · 33661 Bielefeld
Internet: www.clv.de

Übersetzung: Hermann Grabe, Meinerzhagen
Umschlag: Lucian Binder, Marienheide
Satz: CLV
Druck: CPI – Ebner & Spiegel, Ulm

ISBN 978-3-86699-108-8

INHALT

Weit weg von zu Hause	7
Ein lebender Albtraum	15
Der Shaolin-Tempel	23
Überfall!	31
Kleiner Tiger	41
Der Kung-Fu-Kämpfer	50
Der Schultyrann	58
Endlich anerkannt!	70
Die Schlägerbande	78
Der ultimative Test	84
Unbesiegt	93
Der Leibwächter	100
Auf der Flucht	110
Sandsturm	119
Entkommen!	129
Endlich Liebe!	137
Auseinandergerissen	145

Immer weiter hinab	151
Ärger	160
Gefoltert!	168
Von Angst gehetzt	174
Das Gefängnis	181
Der Tiger im Käfig	188
Der Brief	201
Der Besucher	205
Ein Rettungsseil	211
Die Wahrheit	218
Die Zähmung des Tigers	227
Ein Wunder!	233
Endlich frei!	240
Nachwort	246

WEIT WEG VON ZU HAUSE

Plötzlich fuhr Tony aus dem Schlaf. Das Flugzeug neigte sich stark nach vorn. Es setzte zum Landeanflug an. Das Ziel war der Flughafen von Hongkong. Er schaute durch das kleine Fenster an seiner Seite und blickte auf die Wolken unter ihm. Deutlich spürte er das Vibrieren der Maschine, als er die Nase fester gegen die Scheibe drückte. Waren sie über dem Land oder über dem Meer? Scheint die Sonne immer über den Wolken? Diese Fragen stellte er sich. Er blinzelte in das fahle Licht und versuchte, ein Loch in den Wattekissen unter ihm zu erspähen.

Für einen Augenblick verlor Tony sich in dem Zauber des Himmels, doch bald spürte er einen deutlichen Druck auf den Ohren, der den ganzen Kopf mit einem dumpfen Schmerz zu füllen schien. Die lange Reise war zu Ende. Plötzlich war kein Himmelsblau, kein Sonnenschein mehr zu sehen. Sie flogen durch die dichten Wolken. Alles, was Tony jetzt in der Fensterscheibe sehen konnte, war das schattenhafte Abbild des hageren fremden Mannes, der neben ihm saß.

Ein Schauer durchfuhr ihn. Wer war bloß dieser Mensch? Wohin würde er ihn bringen? Tony kämpfte mit den Tränen, und er schluckte heftig, als er an die erste Begegnung mit diesem Mann dachte ...

»Ich möchte, dass du dich wie ein ordentlicher

Junge benimmst!«, hatte seine Mutter in strengem Ton gesagt. »Dieser Mann wird dich zu deinem Großvater nach China bringen.« Ihre Worte hatten wie eine beängstigende Wetterwolke in der Luft geschwebt. Dabei hatte seine Mutter sich zu ihm niedergebeugt und seine beiden Hände in ihre genommen.

»Dein Vater ist krank, und wir können uns um dich nicht weiter kümmern«, sagte sie noch. Einen Augenblick hatte Tony gehofft, seine Mutter würde ihn an sich ziehen und ihn drücken. Ach, wie gern hätte er das gehabt! Aber sie tat es nicht.

»Es ist besser so«, sagte sie, während sie sich aufrichtete und sich dem Fremden zuwandte. Sie sprach Chinesisch, und Tony konnte nichts verstehen. Plötzlich begann sein Herz heftig zu klopfen. Was war mit Papa los? Was ging hier überhaupt vor? Warum musste er fortgehen? Die Fragen stürmten auf ihn ein – aber er wusste nicht, womit er anfangen sollte. Er drehte sich zu seinem Vater um, der sich mühsam in seinem Rollstuhl vorwärtsbewegte und auf den kalten, schwarzen Kamin starrte.

»Papa, was ...?«, stotterte Tony. Doch bevor er etwas sagen konnte, hatte der Fremde ihn am Handgelenk ergriffen. Instinktiv zog Tony die Hand zurück. Er wollte weinen und schreien – aber der harte Blick seiner Mutter, den er nur zu gut kannte, ließ ihn verstummen. Der Fremde brachte ihn hinaus. Doch damit hatte der Albtraum gerade erst angefangen.

* * *

Der Flughafen von Hongkong war völlig anders als alles, was Tony bisher erlebt hatte. Da waren eigenartige Düfte, und die Luft war schwül und feucht. Der Fremde hielt ihn fest am Arm und brachte ihn im Eilschritt durch die Menschenmenge, die sich um das Reisegepäck bemühte. Tony fühlte sich klein und unscheinbar, als die Koffer, Kisten und Gepäckwagen auf ihn zurollten. Er gab sich Mühe, alles in sich aufzunehmen, und seine Augen schossen in alle Richtungen umher wie die eines ängstlichen Kaninchens, das sich nach irgendetwas oder irgendjemandem umsieht, der ihm vertraut vorkommt.

Peng! Ein schmerzlicher Stoß warf Tony zu Boden. Ein riesiger Koffer hatte ihn an die Brust getroffen, sodass er nach Luft ringen musste. Der Fremde rief etwas auf Chinesisch und riss Tony wieder hoch.

»Warten Sie bitte, nur einen Augenblick«, keuchte Tony, der noch völlig benommen war. Aber der Fremde achtete nicht auf ihn. Er umklammerte sein Handgelenk noch fester, sodass Tonys Finger dunkelrot anliefen, und eilte weiter mit ihm durch die Menschenmenge.

Plötzlich blieben sie stehen. Tony war froh, wieder zu Atem zu kommen. Doch nun wurden sie geschoben. Die Menschenmenge wurde immer dichter. Die Leute begannen zu stoßen und zu schreien. Tonys Gesicht wurde heftig gegen das Bein des Fremden gedrückt. Dann stellte er sich auf die

Zehenspitzen, konnte aber trotzdem nicht erkennen, warum es nicht weiterging. Dann vernahm er ein schrecklich durchdringendes Geschrei und Flügelschlagen neben sich. Angstvoll fuhr er herum und sah einen Käfig voller Vögel, die mit den Flügeln schlugen, während sie gegen die Gitterstäbe geschleudert wurden. Ihre Augen waren weit aufgerissen, und mit den Schnäbeln hackten sie wie wahnsinnig aufeinander ein. Er stieß einen Schrei aus, und die Alte, die den Käfig trug, sah aus wie eine Hexe und lachte ihn mit einem zahnlosen Grinsen aus.

Tony zuckte vor den ausgerissenen Federn zurück, doch fühlte er gleich wieder den harten Griff seines Wächters. Die Menge zerstreute sich wieder. Nun sah Tony, was den Aufenthalt verursacht hatte. Da war eine Gruppe von Schulkindern. Als sie das fremde Kind erblickten, fingen einige an, auf ihn zu zeigen und zu lachen.

Warum zeigen sie auf mich?, wunderte sich Tony. Er blickte grimmig zurück. Alle Kinder schienen ihm gleich auszusehen. Sie hatten glattes schwarzes Haar und trugen grüne Kittel und Mützen, die dazu passten, rote Halstücher und Sandalen an ihren Füßen. Da erst wurde Tony klar, wie fremd er ihnen erscheinen musste. Er ähnelte ein wenig seiner chinesischen Mutter – aber seine Haare waren dicht und wellig und seine Augen runder, so wie die seines Vaters. Er hatte eine blaue Jeans, Turnschuhe, einen Pullover und einen dicken Anorak an. All das muss den chinesischen Kindern sehr fremdartig vorgekommen sein.

Endlich befreiten sie sich aus dem Gewühl und kamen ins Freie – aber Tony hatte kaum Gelegenheit, seine Umgebung zu erkunden. Und ehe er sich's versah, war er in einer Pferdekutsche verstaut. Man hatte Tony neben den alten, schwarz gekleideten Mann gesetzt, der die Zügel in der Hand hatte. Dieser sagte kein Wort. Er blickte Tony nicht einmal an, geschweige denn dass er gelächelt hätte. Tony erinnerte sich an das, was seine Mutter ihm gesagt hatte: »Du wirst jetzt bei deinem Großvater wohnen.« War der das etwa? Verstohlen blickte er ihn an. Er war hager, hatte eine dunkle, lederne Haut und einen schütteren grauen Schnurrbart. Sein Großvater würde sich doch hoffentlich freuen, ihn zu sehen. Tony biss sich nervös auf die Lippe. Der Wächter sprang hinten auf den Wagen, und ab ging's. Tony zitterte vor Angst. Warum sprach denn kein Mensch mit ihm? Wohin ging die Reise jetzt? Würde er seine Heimat und seine Familie jemals wiedersehen?

Tony wurde von dem Gerüttel des Wagens übel, und er gab sich große Mühe, dieses Unwohlsein in den Tiefen seines Magens zu behalten. Und immer weiter ging es durch eine geheimnisvolle Landschaft mit Reisfeldern und kleinen Hütten an der Straße, die sich aber bald in die unheimlichen Schatten der Nacht hüllten.

***

Endlich blieb das Pferd stehen. Der Wächter hob Tony vom Wagen und schob ihn unsanft in das fremde Haus. Tony blinzelte mit den Augen, bis er sich an das schwache Licht gewöhnt hatte. Wo war er bloß? Eine alte Frau grüßte ihn. Sie war klein, ihr graues Haar hatte sie hinten auf ihrem Kopf ordentlich zu einem Knoten zusammengebunden.

»Jowmo«, sagte die Frau, zeigte auf sich selbst und lächelte. Tony empfand ein wenig Wärme in sich aufsteigen. Auf der Reise war er schrecklich ängstlich gewesen. Vielleicht würde jetzt alles besser. Dies musste die Großmutter sein. Scheu lächelte er zurück – doch zu seinem Erschrecken wurde das Gesicht der Frau plötzlich streng, als der hagere Mann mit dem Schnurrbart eintrat.

»Lowsi«, sagte die Frau und wies auf den Eingetretenen. Gleichzeitig legte sie beide Hände zusammen und machte eine leichte Verbeugung. Instinktiv machte Tony dasselbe, und Lowsi nickte kurz, was wohl so viel wie »in Ordnung« bedeuten mochte.

Der Mann verschwand bald danach, und Tony war erleichtert, mit Jowmo allein gelassen zu sein. Sie redete näselnd mit schriller Stimme auf ihn ein, aber er konnte nichts davon verstehen. Obwohl seine Mutter eine Chinesin war, wurde bei ihnen zu Hause nur Englisch gesprochen. Nachdem Jowmo ihn an einen kleinen hölzernen Tisch gesetzt hatte, stellte sie eine Schüssel mit einer dampfenden Flüssigkeit vor ihn hin. Nie zuvor hatte er etwas Derartiges gerochen – in der dünnen Brühe schwammen ein wenig Gemüse und ein paar Nudeln. Tony merkte, dass er hungrig war, und wartete nun geduldig auf einen Löffel. Kurz darauf drehte sich Jowmo zu ihm um, blickte ihn an und wunderte sich, warum er nicht aß. Dann lachte sie, nahm eine andere Schüssel in ihre beiden Hände, hob sie an die Lippen und trank daraus. Die Nudeln schlürfte sie zwischen ihren Zähnen hindurch. Tony lächelte und machte es ihr nach.

Über den eigenartigen Geschmack dachte er nicht weiter nach. Etwas Tröstliches ging von der Wärme der Suppe aus. Nachdem er die Schüssel abgesetzt hatte, blickte er sich in der fremdartigen Umgebung um. Es gab nur wenige Möbel, und der Raum schien durch Zwischenwände aus Bambus in unterschiedliche Zimmer geteilt zu sein. Große Bilder mit schwarzen und weißen chinesischen Buchstaben schmückten die Wände, und es gab viele kleine Tische, auf denen ihm unbekannte Früchte und frische Blumen in zierlichen Vasen standen.

Tony ließ den letzten Tropfen Brühe in seinen Mund laufen und versuchte, ein Gähnen zu unterdrücken. Das sah Jowmo und legte ihren Kopf auf ihre Hände, um anzudeuten, dass Schlafenszeit war. Tony nickte dankbar. Sie brachte ihn in einen weiteren Bereich des Hauses. Dann zog sie einen Sichtschutz aus Bambus beiseite. Dadurch konnte man einen kleinen Raum erkennen, bestückt mit einem einzelnen Holzstuhl und einer kleinen Bank in der Ecke. Sollte das sein Bett sein? Es erinnerte ihn an einen Gartensitz, wie er ihn von zu Hause kannte. Jowmo überreichte ihm noch mit einem kurzen Lächeln einen grauen Kittel, sagte etwas, was Tony nicht verstand, und ging.

Jetzt war er allein. Während er sich in dem leeren Raum umsah und mit dem Kittel hantierte, dachte er an seinen Schlafanzug mit dem Bild von Superman darauf und an sein Bett zu Hause voller weicher Kuscheltiere. Ein paar Tränen liefen über seine Wangen, doch er verdrängte solche Gedanken ganz tief in sich hinein. Völlig erschöpft legte er sich nieder und fiel in einen tiefen, aber unruhigen Schlaf.

EIN LEBENDER ALBTRAUM

Platsch!

Tony fuhr aus dem Schlaf, als ein Topf eiskalten Wassers seinen Kopf traf. Was war das? Ein Mann schnauzte: »*Lo han quilo! Lo han quilo!*« (»Kleiner fremder Teufel!«).

Dann erinnerte er sich. Es war dunkel – doch Tony konnte die Gestalt seines Großvaters Lowsi erkennen. Der leere Topf krachte auf den Boden. Tony drückte sich in die Ecke, während der alte Mann mit dem Bambusrohr so heftig auf das Kopfende des Bettes schlug, dass es laut knallte. Tony spürte den Lufthauch in seinem Gesicht, wenn das Rohr gefährlich nahe bei ihm niedersauste.

Was sollte er machen? Was wollte Lowsi von ihm? Tony konnte ja nicht verstehen, was er schrie. Verzweiflung ergriff ihn, aus Furcht vor dem Rohrstock sprang er von seiner harten Schlafstätte auf und versuchte, auf die Füße zu kommen. Sofort hörte Lowsi auf zu schreien. Er schnappte sich Tonys Arm und schleppte ihn unsanft durch das Haus und ins Freie.

Alles war noch in neblige Finsternis gehüllt, aber er konnte so etwas wie einen Hof erkennen. Was hatte Tony falsch gemacht? Warum war sein Großvater so böse auf ihn? Der bitterkalte Morgenwind drang wie ein Rasiermesser durch seinen dünnen Schlafkittel. Lowsis starke Finger ergriffen ihn bei den Schultern und erlaubten ihm keine Bewegung. Tony zitterte, als die eisigen Wassertropfen über sein Gesicht und seinen Körper liefen und auf dem Boden zu kleinen Rinnsalen wurden, aber er rührte sich nicht.

Es war ganz still auf dem Hof.

Was ging hier vor? Eine Mischung aus Angst und Neugier ließ ihn die Kälte vergessen. Trotzdem zitterte Tony immer noch, während er seine Augen auf den Großvater gerichtet hielt.

Was tat er als Nächstes? Der alte Mann ging ein wenig beiseite, dann drehte er sich um und betrachtete Tony. Ganz still stand er da, unheimlich still, es schien endlos lange zu sein. Tony versuchte im Dämmerlicht das Gesicht seines Großvaters zu erkennen. Dessen Augen waren geschlossen. Schlief er etwa? Dann begann Lowsi sich zu bewegen. Sehr langsam, wie eine Katze, die sich rekelt, begann er, seine Arme und Beine auszustrecken, wobei er mit den Händen eigenartige Figuren bildete. Seine Augen blieben geschlossen, aber Tony hatte das eigenartige Gefühl, der alte Mann beobachte ihn trotzdem.

Lowsi setzte seine unheimlich anmutenden Bewegungen pausenlos fort. Nach einiger Zeit ließ Tony seine Augen über den Hof gleiten. Es war ein sonderbarer Ort. Da gab es ein geheimnisvoll aussehendes Tor am hinteren Ende und dahinter einen dichten, bedrohlich wirkenden Wald. Tonys Gedanken eilten zurück zu seinem Zuhause im fernen London. Hier war alles anders.

Er blickte in die Höhe. Eigenartig gestaltete Verzierungen sahen aus, als tanzten sie auf dem Dach.

Da gab es Drachen, geflügelte Pferde und Einhörner (die hatte Tony mal in einem Bilderbuch gesehen), einen riesigen Vogel, umgeben von einer Feuerwolke, und etwas, was wie ein Mann aussah, der auf einem Huhn ritt!

Zack! Tony vernahm den Laut gerade bevor er den Schmerz verspürte. Er hatte nur die Augen von Lowsi abgewandt. Und gleich schmerzte sein Gesicht an der Stelle, wo der Rohrstock des alten Mannes ihn getroffen hatte. *Krach!* Und schon wieder! Doch diesmal noch härter. Tonys Kopf flog herum. Er schluckte hart und sah auf seinem Kittel kleine rote Blutspritzer.

Nicht weinen, bloß nicht weinen!, sagte sich Tony. Irgendwie ahnte er, dass es dadurch nur noch schlimmer werden würde. Seine Augen zerquetschten die Tränen. Er bohrte die Fingernägel in seine Handflächen und riss sich zusammen. Lowsi stand über ihm, das Bambusrohr in seiner drahtigen Hand. Was hatte er getan, um so harte Schläge zu verdienen? Irgendetwas sagte ihm, es sei besser, nicht zu fragen.

Von jetzt an war es jeden Morgen dasselbe. Tony lernte schnell, das eisige Bad zu vermeiden, indem er schon vor dem Hellwerden aufwachte. Wenn Lowsi sein Zimmer betrat, war er schon wach und aufgestanden. Er begrüßte ihn mit einer respektvollen, tiefen Verbeugung. Lowsi war sein Großvater, aber mehr noch – er war sein Herr und Meister, jemand, dem man unter allen Umständen zu gehorchen hatte. Draußen im Hof richtete er unverwandt seine Aufmerksamkeit auf Lowsis eigenartige Bewegungen. Manchmal wurden seine Augenlider so schwer, dass er sie gern geschlossen hätte und einschlafen wollte. Doch wenn er zu mühsam blinzelte, schlug Lowsi ihm mit dem Rohr mitten ins Gesicht.

Während die Wochen dahingingen, lernte Tony den kantonesischen Dialekt seiner Großeltern verstehen, und Lowsi begann, ihm von der Lebensweise seiner Vorfahren zu erzählen.

»Kung Fu wird in unserer Familie seit mehr als fünfhundert Jahren ausgeübt«, erzählte Lowsi ihm. »Das ist eine uralte Lebensart, die von einer Generation auf die andere übertragen wird.« Tony hörte aufmerksam zu, denn er wusste, dass er schnell lernen musste, wenn er den Schlägen entgehen wollte.

»Kung Fu ist eine Kunst des Kämpfens, die in China durch einen indischen Mönch eingeführt wurde. Wir Chinesen nennen ihn Ta Mo. Er kam vor etwa 1500 Jahren hierher, um die Lehren Buddhas überall in China zu verbreiten.«

Tony wusste nicht genau, was er unter der »Kunst des Kämpfens« verstehen sollte, doch war es sicher etwas Wichtiges. Er hatte Jowmo und Lowsi eine Menge über Buddha reden gehört. Vielleicht war Buddha so eine Art Gott – aber sicher war er sich dessen nicht. Es gab so schrecklich viel zu lernen über dieses fremde neue Land.

»Während Ta Mo die Berge im Norden Chinas durchwanderte, hielt er sich in einem Kloster mit Namen ›Shaolin‹ auf«, fuhr Lowsi fort. »Da ermutigte er die Mönche, zu meditieren, um erleuchtet zu werden. Aber die Mönche schliefen oft bei ihren Meditationen ein – darum zeigte der weise Meister ihnen Übungen, durch die sie sich wach halten konnten. Daraus wurden dann selbst Meditationen, die aber auch mächtige Kampfbewegungen waren.«

Kampfbewegungen? Waren das solche, wie sein Vater sie sich im Fernsehen anschaute? Tony verstand das alles nicht. Fragend blickte er den Großvater an.

»Die Bewegungen, die Ta Mo ihnen beibrachte, halfen den Mönchen, sich gegen Banditen zu verteidigen, wenn sie von einem Kloster zum anderen pilgerten«, erklärte Lowsi.

Während er das erzählte, begann Lowsi, Tonys Körper so zu bilden, dass er ebenfalls die Stellungen einnehmen konnte, die Lowsi Morgen für Morgen auf dem Hof ausführte. Bald schon machte Tony mit ihm zusammen die langsamen, eigenartigen Bewegungen, verdrehte Hände, Arme und Beine wie sein Großvater. Zuerst fand er das schwierig und verlor immer wieder das Gleichgewicht. Manchmal kam es ihm vor, als würden seine Knochen verbogen, wenn Lowsi Tonys Körper in die verschiedenen Stellungen zwang.

»Das ist Tai Chi«, erzählte Lowsi ihm, wenn er Tonys Arme wieder einmal in eine schmerzhafte Haltung brachte. »Es ist die Grundlage für die Kung-Fu-Übungen, die Ta Mo unseren Vorfahren in Shaolin zeigte.«

Am nächsten und am übernächsten Tag war es dasselbe, und allmählich lernte Tony, die Bewegungen ohne seines Großvaters Hilfe auszuführen. Tai Chi gehörte nun zu seiner täglichen Routine. Die Bewegungen waren schwierig, aber da war ein weiterer Teil der Lehre, der Tony noch weit schwieriger vorkam. Stundenlang musste er völlig still stehen und die Stellung beibehalten, bis alle Muskeln schmerzten und seine Glieder unkontrolliert zitterten, weil sie unbedingt bewegt werden wollten.

»Zum Kung Fu gehört wesentlich mehr als nur körperliche Kraft und die Kampfbewegungen«, hatte Lowsi ihm erklärt. »Das Herzstück der Kampfkunst ist das Chi. Das ist die Lebenskraft, von der wir meinen, dass sie in jedem und allem steckt. Kung Fu zu beherrschen, heißt, das Chi nutzbar zu machen – dadurch wirst du außerordentlich stark werden.«

Tony hatte nicht wirklich verstanden, wovon der Großvater redete, doch wagte er nicht, ihm das zu sagen.

»Jetzt konzentriere dich auf deine Atmung«, sagte Lowsi noch kurz und nachdrücklich. »Du musst deine Aufmerksamkeit nun auf das Chi in dir lenken!« Damit ging er fort und ließ Tony bewegungslos stehen – wie ihm schien, eine Ewigkeit lang.

* * *

Eines Morgens nach den Tai-Chi-Übungen stellte Lowsi einen Eimer mit Sand vor Tony hin. Wozu sollte der sein?

Plötzlich stieß Lowsi seine Faust in den Sand. Tony sprang erschreckt hoch.

»Jetzt bist du an der Reihe!«, befahl Lowsi.

Gehorsam machte Tony eine Faust und schlug sie in den Sand. Lowsi knurrte etwas und tippte mit dem Bambusstab gegen den Eimer. Das war die Aufforderung, es noch einmal zu tun. Tonys Knöchel schmerzten, als er sie in den Sand stieß. Doch Lowsi sah ihn ungnädig an. Noch einmal schlug er seine eigene Faust in den Sand, und ein Sandregen spritzte ihm ins Gesicht. Noch einmal versuchte Tony es so fest er sich nur traute – doch Lowsi warf den Rohrstock wütend auf die Erde.

Tony zuckte zurück, als Lowsi seinen Arm ergriff und seine Finger in Tonys Fleisch grub.

Wieder und wieder stieß er Tonys Hand in den Eimer und drehte und wühlte sie in den Sand, als wollte er gar nicht aufhören. Tony knirschte vor Schmerzen mit den Zähnen – es waren unvorstellbare Qualen! Als Lowsi endlich den Griff lockerte, waren Tonys Knöchel völlig aufgekratzt und bluteten heftig.

»Weitermachen!«, kommandierte Lowsi. Tony war klug genug, keine Gegenworte zu äußern. Er stieß seine Hände so kräftig er konnte in den Sand, wieder und wieder. Bald waren sie wie betäubt vom Schmerz.

Am nächsten Tag musste er dasselbe fortsetzen. Und an den folgenden Tagen ebenso. Doch nach einigen Tagen wurden seine Hände stark und zäh. Die Risse heilten, und raue Narben ersetzten das weiche Fleisch. Er hielt sie seinem Großvater zur

Begutachtung hin. Lowsi nickte bedächtig, als er mit seinen knochigen Fingern über Tonys Haut strich.

»Das Kung Fu zu erlernen, ist eine große Ehre«, sagte Lowsi ihm mit großem Ernst. »Du wirst stark sein und Selbstdisziplin lernen und große Schmerzen ertragen können. Du wirst deinen Körper zu beherrschen lernen.«

Während er das sagte, schüttete Lowsi den Sand aus dem Eimer. Tony seufzte leise auf vor Erleichterung. Dann schüttete Lowsi zu Tonys Entsetzen Schotter in den Eimer. Nach einigen Wochen stieß Tony seine Hände in groben Kies oder auch scharfkantige Steine. Jedes Mal, wenn er die Hand in den Eimer stieß, stellte er sich vor, dies sei das Gesicht seines Großvaters. Er begann, den alten Mann zu hassen, und das half ihm, mit aller Wucht zustoßen zu können. Er wusste nicht, dass Lowsis Auftrag nicht war, die Liebe seines Enkels zu verdienen, sondern den Respekt seines Schülers zu erwerben.

Jeden Abend fiel Tony völlig erschöpft ins Bett. Er hätte heulen mögen – aber er war viel zu müde, um über seinen schmerzenden Körper nachzudenken, oder darüber, wie sehr er seinen Großvater hasste. Er kam nicht einmal dazu, zu überlegen, was aus ihm werden sollte oder ob er seine Eltern jemals wiedersehen würde. Sein ganzer Körper tat weh, und sein Verstand war erschöpft vom Lernen. Der Schlaf tauchte ihn in eine schwere, dunkle Wolke, die ihn für kurze Zeit vor den Schrecken der wachen Stunden bewahrte.

DER SHAOLIN-TEMPEL

»Heute wirst du dies anziehen«, sagte Jowmo. Tony blickte von seiner morgendlichen Nudelsuppe zu seiner Großmutter auf. Sie hielt ihm ein helles, orangefarbenes Gewand hin. Lowsi beschäftigte sich nebenan mit dem Schärfen seiner Werkzeuge. Man konnte das bekannte Kratzen des Feuersteins vernehmen. Solange Lowsi in der Nähe war, sprach Jowmo nur wenig, während sie sonst gern Tonys Kopf mit Geschichten über seine chinesischen Ahnen vollstopfte. Diese glaubten an viele verschiedene Götter, die Tony ganz und gar nicht gefallen wollten. Auch brachte sie ihm vieles bei, was er zu tun oder zu lassen hatte, um kein Unglück über das Haus zu bringen.

»Bald werden wir mit den Vorbereitungen für das Neujahrsfest beginnen«, sagte Jowmo, während sie das Haus fegte. Sie sagte ganz aufgeregt: »Es ist das Jahr des Tigers!«

»Des Tigers?«, fragte Tony.

Jowmo hörte auf zu fegen und stützte sich mit beiden Händen auf den Besen.

»Die Legende erzählt, dass Buddha alle Tiere zu sich versammelte, bevor er von der Erde schied«, begann sie zu erklären. »Aber nur zwölf waren bereit, ihm Lebewohl zu sagen. Zur Belohnung versprach er ihnen, die Jahre nach ihnen zu benennen, und zwar in der Reihenfolge ihres Eintreffens.«

Tony schlürfte die letzten Nudelstückchen mitsamt der dünnen Suppe aus seiner Schüssel, während er Jowmo interessiert zuhörte.

»Die Tiere stritten sich darüber, wer zuerst kommen sollte«, fuhr Jowmo fort. »Schließlich einigten sie sich auf einen Wettstreit. Das Tier, das als Erstes über den Fluss geschwommen und das jenseitige Ufer erreicht hätte, sollte Buddha als Erstes begrüßen dürfen. Niemand war dagegen, und so stellten sie sich alle zwölf am Ufer auf und sprangen hinein. Der Ochse war der Stärkste und übernahm schon bald die Führung, doch die Ratte war unbemerkt auf seinen Rücken gesprungen. Als der Ochse vor allen anderen Tieren das Ufer fast erreicht hatte, sprang die Ratte über seinen Kopf an Land und gewann den Wettkampf.«

»Wer war der Nächste, Jowmo?«, fragte Tony lachend.

»Nun, die Erste war die Ratte, dann kam natürlich der Ochse. Ihm folgten der Tiger, das Kaninchen, der Drache, die Schlange, das Pferd, das Schaf, der Affe, der Hahn, der Hund …« Jowmo machte eine Pause und begann zu kichern. »Das Schwein, das so langsam und überaus faul war, kam zuletzt.«

Tony musste auch lachen bei der Vorstellung, wie das Schwein versuchte, die Uferböschung heraufzuklettern.

»Du bist im Jahr des Hahns geboren«, sagte Jowmo ernsthaft. Sie legte den Besen hin und kniete nieder, um Tony genau ins Angesicht zu blicken. »Der Hahn ist ein harter und entschlossener Arbeiter. Du wirst dich nicht fürchten, du wirst ganz furchtbar tapfer sein. Aber ...«

Bevor Tony fragen konnte, was sie meinte, sah er, dass Lowsi neben ihnen stand. Es schien, als könnte er sich so unmerklich bewegen wie ein Windhauch. Niemals konnte Tony vermuten, dass er kam. So bereitete er sich innerlich auf Schläge vor, weil er beim Essen getrödelt hatte. Stattdessen nahm Lowsi nur seinen Rohrstock auf und führte ihn nach draußen, durch den Hof und in den Wald hinein.

Tony trottete hinter seinem Meister her und versuchte Schritt zu halten. Sie gingen und gingen, bis der Wald immer lückenhafter wurde. Da erkannte Tony, dass sie sich am Fuß einer riesigen Treppe befanden, deren tiefe und breite Stufen den Berg hinaufführten. Er blickte hinauf – aber das Sonnenlicht blendete ihn, sodass er die Spitze des Berges nicht sehen konnte. Sie begannen mit dem Aufstieg – aber Lowsi verminderte das Tempo nicht. Tony begann zu schwitzen, und er wurde immer müder. Schon bald hörte er auf, die Stufen zu zählen – es mussten wohl über hundert sein! Schließlich kamen sie oben an – und da war er! Das musste der Shaolin-Tempel sein, von dem sein Großvater so oft gesprochen hatte. Es war ein großartiges Bauwerk, das gelb und golden schimmerte und sich von der Sonne grell beleuchtet hoch in den Himmel streckte. Tony beschattete mit seiner Hand die Augen vor der Sonne und blinzelte zu den hohen Säulen empor – und zu den Ornamenten, eigenartigen Figuren, Tieren und mythischen Wesen, die auf ihn herabblickten. Noch nie hatte er so etwas gesehen, nicht einmal in seinem Bilderbuch zu Hause in London.

»Komm!«, sagte Lowsi und führte ihn durch ein reich verziertes, großes Tor in die Kühle des Haupthauses. Da war ein süßer Duft in der Luft. Er kratzte in Tonys Nase und ließ ihn husten. Lowsi blickte ihn daraufhin böse an.

»Duftstäbchen und Kirschblüten«, erklärte er. »Wir nehmen das als Opfer, um Buddha unsere Ehrerbietung auszudrücken.«

Tony folgte seinem Meister zu der riesigen, glänzenden Statue am anderen Ende des Tempels. Sie stellte einen Mann dar, der mit gekreuzten Beinen dasaß und seine Hände vor sich aneinandergelegt hatte, als wenn er betete. Das war also Buddha?

Tonys Gedanken eilten zu seinem Vater zurück, der ihm beigebracht hatte, beim Beten in gleicher Weise die Hände zusammenzulegen. Papa hatte gesagt, alle guten katholischen Kinder sollten jeden Tag zu Gott beten. Es gab einen kleinen Vers, den sie zusammen aufgesagt hatten, bevor Tony zu Bett ging. Aber er konnte sich nicht mehr an den Wortlaut erinnern. Er bekam einen Kloß in den Hals, als er an seinen Vater dachte – aber er konnte ihn schnell verdrängen. Die Erinnerung an sein Elternhaus wurde schon sehr schwach.

Dann war Buddha also Gott? Tony war sich nicht sicher – denn Jowmo sprach von vielen Göttern – vom Küchengott, vom Gott der Erde, vom Gott des Feuers und von zahllosen Göttern an den

Türen und Toren. Tatsächlich – wenn Jowmo recht hatte, waren überall im Haus irgendwelche Götter, denn sie tat immerzu etwas, um einen von ihnen gnädig zu stimmen.

Er blickte in Buddhas ausdrucksloses Gesicht, das hoch über ihm schwebte. Dann beobachtete er, wie Lowsi eine kleine brennende Wachskerze nahm, um ein langes, dünnes Räucherstäbchen zu entzünden.

»Der Duft wird helfen, deinen Geist zu beruhigen«, sagte Lowsi streng. »Wenn du dem Pfad der Erleuchtung folgst, wirst du wie der Rauch werden, der zu den Himmlischen aufsteigt.«

Tony nickte pflichtbewusst, obwohl er nicht die leiseste Ahnung davon hatte, worüber sein Meister sprach.

Sie gingen zu einem kleineren Nebentempel hinüber, wo Lowsi eine Kerze entzündete und sie vor Tony aufstellte.

»Jetzt konzentriere dich auf die Flamme«, sagte er. »Atme tief und langsam. Einatmen durch die Nase, ausatmen durch den Mund.« Er machte es vor, und Tony versuchte, es nachzumachen. Es dauerte eine ganze Weile, bis es ihm einigermaßen gelang.

»Entleere deinen Geist«, sagte Lowsi, »konzentriere dich auf das Chi, und du wirst einen inneren Frieden verspüren.«

Was hatte das zu bedeuten? Aber Tony wusste Besseres zu tun, als Fragen zu stellen. Er hätte sich nicht vorstellen können, wie lange sein Großvater ihn zwingen würde, absolut still zu sitzen und in die Flamme zu starren. Er wurde schläfrig – aber jedes Mal, wenn seine Augen zufielen, wurde er von einem heftigen Stockhieb ins Gesicht aufgescheucht.

Endlich blies Lowsi die Kerze aus und erlaubte Tony, sich zu bewegen.

»Den Geist zu entleeren ist das, was man ›Meditation‹ nennt«, sagte er. »Nur wenn du das beherrschst, wirst du anfangen, den Pfad der Erleuchtung zu beschreiten. Darin aber liegt der wahre innere Frieden und die Harmonie deines Geistes.«

Tony war ärgerlich. Redete sein Großvater nicht in lauter Rätseln? Aber er wagte nicht, ihn zu fragen. Er hatte die schwere Kunst gelernt, niemals zu sprechen, bevor er direkt dazu aufgefordert wurde.

»Durch Meditation wirst du lernen, das Chi zu beherrschen«, fügte Lowsi hinzu, während sie in den Hof hinaustraten. »Es ist das Chi, welches dein Kung Fu verändern und dir scheinbar übernatürliche Kräfte und Fähigkeiten verleihen wird.«

Plötzlich war ein lautes Scharren zu vernehmen, das von Rufen und Keuchen unterbrochen wurde. Tony blickte zu einer Gruppe älterer Jungen hinüber. Alle hatten glatt rasierte Köpfe und trugen orangefarbene Gewänder wie das seine. Sie kämpften mit scharfen Tritten und schnellen Schlägen gegeneinander. Aber ihre Bewegungen waren flüssig, beinahe tänzerisch. Sie schienen wie Schatten auf der Luft zu reiten.

»Das sind Kung-Fu-Schüler. Sie üben nach der Weise des Kranichs«, sagte Lowsi. »Das ist eine traditionelle Kampfart des Shaolin-Systems. Sieh, wie sie ihre Hände gebrauchen, so als wenn ein Kranich mit dem Schnabel etwas zerteilt.«

Tony beobachtete mit Verwunderung die Schnelligkeit und Kraft ihrer Bewegungen und ihrer Tritte.

Als sie fertig waren, liefen die Jungen mit leicht gesenkten Köpfen in einer Reihe an ihnen vorbei. Tony blieb nicht verborgen, wie gelassen sie wirkten. Trotz der Geschwindigkeit und der Energie, mit der sie gekämpft hatten, schwitzten sie beinahe gar nicht, und ihr Atem ging ruhig. Auch bemerkte er, dass jeder Junge vor Lowsi anhielt und sich tief vor ihm verneigte. Auch ihr Lehrer hielt an und erwies Lowsi das gleiche Zeichen seiner Hochschätzung.

Lowsi muss tatsächlich eine bedeutende Persönlichkeit sein, dachte Tony. Zum ersten Mal blickte er seinen Großvater an, als hätte er gern gewusst, wer er eigentlich war. Tony hasste ihn von ganzem Herzen wegen der Torturen, die er ihn erleben ließ – doch diese Jungen hatten großen Respekt vor ihm, als sei er etwas ganz Besonderes.

»Du wirst auch so üben wie die da«, sagte Lowsi. »Die Kranich-Methode ist nur eine Kampfart. Eins der Geheimnisse der Shaolin-Kämpfer besteht darin, viele verschiedene Techniken zu kennen, bei denen die Tiere nachgemacht werden. Wir werden viele Stunden damit zubringen, die Tiere zu beobachten. Du wirst lernen, dich mit den Tieren eins zu machen und ihre Lebensweise, ihre Kraft, ihre Fähigkeiten in Angriff und Verteidigung zu übernehmen.«

Tony verstand noch immer nicht viel von dem, was sein Großvater ihm erzählte. Ihm war ganz und gar nicht klar, wer sein Großvater war und warum er ihn nach China geholt hatte, doch ein Schauer lief ihm vor Erregung über den Rücken, als er die Jungen im Tempel verschwinden sah. Würde er es lernen können, sich so zu bewegen und so zu kämpfen wie sie? Würde er so auf der Luft reiten können, wie sie es vermochten? Was bedeutete das – ein Shaolin-Kämpfer zu werden? Und was waren die Geheimnisse, von denen sein Großvater sprach?

ÜBERFALL!

Tony wollte zu gern die Erregung in sich wach erhalten, die er an jenem Tag im Tempel empfunden hatte. Das war aber nicht einfach. An den folgenden Tagen beschäftigte Lowsi ihn mit immer scheußlicheren Übungen, um seinen Körper zäh zu machen, bevor die eigentlichen Übungen beginnen sollten. Niemand versorgte seine Wunden, und jeden Tag fürchtete er sich vor den neuen Herausforderungen, die sein Großvater ihm präsentieren würde.

Wenn er nicht trainierte, musste er vielerlei Pflichten auf dem kleinen Bauernhof erledigen, den seine Großeltern bewirtschafteten. So erinnerte er sich an Jowmos Erzählung von dem faulen Schwein, das die Uferböschung hinaufkletterte, als er wieder einmal einen schweren Eimer Schweinemist forttrug. Er hasste die Schweine, ihren Gestank und wie sie ihn stießen, nach ihm schnappten und beiseitedrückten, wenn er versuchte, die halb verrotteten Säcke mit Essensresten in den Futtertrog zu entleeren. Er war nur klein, und die größeren Viecher schnaubten durch ihre feuchten Nasen und besprengten damit sein Gesicht und stupsten ihn so hart an, dass er oft in ihren stinkenden Mist fiel.

Die Hühner waren kaum besser. Bei ihrem Anblick musste er immer an den schrecklichen Tag auf dem Flugplatz denken. Er konnte sich noch gut an die alte Frau erinnern – und an die Vögel, die in ihrem Käfig flatterten und halb wahnsinnig vor Angst herumgackerten.

Das alte Wagenpferd war Tonys einziger Trost, und er verbrachte so viel Zeit, wie er es wagen durfte, in der feuchten Wärme des Stalles. Es rieb mit der Schnauze Tonys Gesicht und leckte ihm die Tränen ab, so, als verstände es etwas von seiner Traurigkeit.

Dann fragte er manchmal das alte Pferd: »Wann darf ich nach Hause fahren?« Doch als die Monate vorübergingen, fragte er immer seltener, und auch seine Tränen versiegten. Es war besser, gar nicht daran zu denken.

Die schönsten Tage waren, wenn Tony mit Jowmo zum Markt ging. Dort fand er es gruselig und aufregend zugleich. Die gewundenen Straßen waren voll von Leuten, Fahrrädern, Rikschas, Käfigen, Straßenkünstlern und Händlern, die alles anboten, von Zahnbehandlungen bis zur Kalligrafie. Manchmal blieb Jowmo bei den Nudelhändlern stehen. Tony lief bei dem leckeren Duft das Wasser im Mund zusammen. Und wenn Jowmo es erlaubte, suchte er sich eine Portion Dampfnudeln mit Schweinefleisch aus, manchmal auch Bohnen mit Quark. Wenn sie einmal in ganz besonders guter Stimmung war, kaufte sie ihm auch mal einen tief gefrorenen süßen Teigkloß, den er am liebsten mochte.

Tony hielt sich immer dicht an Jowmo – er fürchtete dauernd, in dem Menschengewühl verlorenzugehen. Es wäre doch leicht möglich, dass ihn einer der laut herumschreienden alten Männer fangen und wie die Schweine und Hunde zum Rösten aufspießen könnte! Es gab ja so viele Tiere dort, tote und lebende: Ziegen, Enten, Kaninchen, Vögel, schrecklich dreinblickende Schlangen und alle möglichen seltsamen Fische, wie gerade jetzt dort auf dem großen Holzwagen, an dem Jowmo sich aufhielt, um mit dem Fischhändler zu verhandeln.

»Das stinkt hier!«, protestierte Tony und drängte Jowmo, gleich weiterzugehen. Als er sich umdrehte, wollte ihm das Blut gerinnen.

Der Schlangenmensch!

Eilig fuhr Tony herum, um sich hinter seiner Großmutter zu verstecken. Hinter ihrem Rock verborgen blickte er hervor, um den schrecklichen Menschen zu betrachten, wie er es schon so oft getan hatte. Er könnte ja kommen und ihn jeden Augenblick mit seinen schrecklichen Klauen packen. Der Mann entdeckte ihn und starrte ihn finster an, dann spuckte er auf die Erde und murmelte etwas in seinen Bart.

»Jowmo, Jowmo, komm …« Tony klammerte sich eilig an den Arm seiner Großmutter, doch sie stieß ihn unbarmherzig zur Seite, weil sie seine Angst gar nicht wahrgenommen hatte. Tony war sich sicher, dass der Schlangenmensch jetzt nach ihm greifen würde. Dann sah er zu seiner Erleichterung, wie eine junge Frau zu seinem Käfig trat und begann, die getrockneten Schlangen und Eidechsen und die lebenden Schildkröten zu betrachten. Der Mann murmelte etwas vor sich hin und wandte sich seiner Kundin zu.

Tonys Arme taten weh, als er die großen Einkaufskörbe schleppte. »Nur noch ins Arzneigeschäft, dann geht's nach Hause«, sage Jowmo, während er hinter ihr herstolperte. Sie bogen in eine dunkle Gasse und betraten durch eine kleine Tür einen schwach erleuchteten Raum. Ein alter Mann in einem engen weißen Mantel schielte durch winzige Brillengläser auf Tony herab. Das erinnerte ihn daran, wie der Schlangenmensch auf seine Schildkröten geschaut hatte. Er sagte etwas zu Jowmo, das Tony nicht verstand, dann zog er die Schultern hoch, seufzte und streichelte leicht über Tonys Kopf.

Als die beiden sich in ihr Gespräch vertieften, blickte Tony sich im Laden um. Er war vom Fußboden bis unter die Decke mit geheimnisvollen Krügen und Töpfen vollgestopft. Da gab es riesige Urnen, viele von ihnen waren versiegelt, bei anderen musste Tony sich auf die Zehenspitzen stellen, wenn er hineinsehen wollte. Er starrte in die Regale, auf denen Glaskrüge aller Formen und Größen zu sehen waren, die alles Mögliche enthielten, von Skorpionen und Käfern bis zu Honigbienen in großen Mengen und aufgerollten Schlangen.

»Sieh an, das gefällt dir«, sagte der Mann. Tony sprang erschreckt auf. Doch der Händler holte nur einen Krug von dem Regal, damit Tony besser hineinschauen konnte. Tony verzog sein Gesicht und fuhr zurück, als er fünf Grasschlangen aufgerollt darin in einer klaren Flüssigkeit schwimmen sah. Jowmo und der Mann lachten.

»Komm«, sagte der Mann und brachte Tony

zu einer der großen Urnen. Tony blickte Jowmo an, doch sie lächelte und schob ihn vorwärts. Der Mann hob ihn empor, damit er über den Rand schauen konnte. Und da war sie, die Riesen-Brillenschlange. In der Urne befand sich keine Flüssigkeit. Es war als ob … nein und wahrhaftig! Als er in die Urne starrte, schien sich das riesige Geschöpf zu bewegen. Tony begann zu zittern, doch konnte er seine Augen nicht von der gewaltigen Schlange wenden. Es schien, als entrollte sich die ganze Urne, bis schließlich Tony der Schlange in ihre zwei glänzenden Augen schaute, mit denen sie ihn anstarrte. Er unterdrückte ein Stöhnen. Schläfrig schien sie Tony anzulächeln, während sie mit ihrer gespaltenen Zunge die Luft prüfte. Nervös blickte Tony auf Jowmo und war sehr erleichtert, als der Mann ihn wieder auf den Boden stellte und die Kobra sich wieder aufwickelte, um weiterzuschlafen.

Auf dem Heimweg beschloss Jowmo, bei einem Teich ein wenig auszuruhen. Es war ein heißer, stickiger Tag, und Tony freute sich, seine schweren Einkaufskörbe absetzen zu können. Das Wasser fühlte sich gut an, als er Gesicht und Hals damit bespritzte. Alles war still, und es dauerte nicht lange, dass er die Großmutter leise schnarchen hörte. Tatsächlich! Sie war ganz fest eingeschlafen. Erst lag Tony auf dem Rücken und betrachtete die eigenartigen Wolkenbilder oben am Himmel, doch bald wurde er unruhig. Er ließ die Großmutter und die Einkaufskörbe zurück und folgte einem schmalen Kiespfad, der um den Teich führte. Er sammelte einige Kieselsteine und warf sie über das Wasser.

Plötzlich hörte er Stimmen. Eine Gruppe älterer Jungen kam auf ihn zu. Als sie ihn erblickten, begannen sie zu lachen und sich etwas zuzurufen. Tony konnte nicht verstehen, was sie sagten. Er hielt seine Hand über die Augen, damit die Sonne ihn nicht blendete. Er konnte sie kaum erkennen. Tony lächelte sie an – aber als er das tat, lief einer auf ihn zu und schlug ihm mitten ins Gesicht. Tony fiel rückwärts auf den Weg.

»Was …was macht ihr?«, stammelte er und versuchte aufzustehen.

Der erste Schlag war nichts im Vergleich zu dem, was er von seinem Großvater gewohnt war. Aber der Schreck wegen des plötzlichen Überfalls nahm ihm den Atem.

»Was treibst du hier, Rundauge?«, wollte einer der Jungen wissen und spuckte ihm ins Gesicht. Tony wusste keine Antwort. Die Jungen drängten sich um ihn, und Tony bekam plötzlich große Angst.

Was hatte er verbrochen? Was wollten sie von ihm? Er antwortete dem Jungen nicht.

»Schau an, er kann nicht mal unsere Sprache«, meinte ein anderer. »Mach, dass du wegkommst, Rundauge! Hier hast du nichts zu suchen, *Lo han quilo*, kleiner fremder Teufel!«

Das sagte Lowsi auch immer, wenn er ihn verprügelte. Tony wusste, dass er anders aussah als die übrigen Jungen des Ortes, aber womit hatte er das hier verdient?

Er versuchte aufzustehen, wurde aber auf den Boden zurückgestoßen. »Los, Rundauge, lass uns etwas von dir hören«, forderte der größte der Jungen und gab Tony einen noch heftigeren Schlag ins Gesicht. Tony suchte nach etwas, was er sagen könnte – aber alles, was er sehen konnte, war der Schatten des Jungen, während er in die Sonne blicken musste. Er schmeckte das Blut im Mund, und in seinem Kopf begann sich alles zu drehen. Plötzlich fielen alle Jungen über ihn her, traten, boxten und schlugen ihn. Tony schrie nach Jowmo, aber die schlief immer noch.

Dann wurde ihm schwarz vor Augen.

* * *

Als Tony erwachte, konnte er sich nicht bewegen. Er hörte ein summendes Geräusch und spürte eine kühle Brise im Gesicht. Er versuchte, seine Augen auf die Gegenstände zu richten. Wo war er? Was war los? Weiche Kissen … Für einen kleinen Augenblick meinte er, wieder in London zu sein. Aber hier war alles fremd. Als er auf die Quelle des kühlen Luftstroms blickte, erkannte er einen Deckenventilator und weiße Wände. Doch als er seinen Kopf drehen wollte, durchzuckte ein heftiger Schmerz seinen Körper. Als er an sich herunterblickte, stellte er fest, dass beide Arme und ein Bein in dicken Verbänden steckten. Darum konnte er sich also nicht bewegen. Er begann Angst zu bekommen – dann fiel er wieder in Ohnmacht.

Als Tony wieder erwachte, sah er, dass der Raum schwach beleuchtet war. Ach so, ein Krankenhaus! Einige Leute sprachen miteinander. Er konnte die Augen nur halb öffnen, doch erkannte er zwei Gestalten, die an seinem Bett standen. Tonys Blut erstarrte, als er seinen Großvater Lowsi erkannte. Er hielt seine Augen wieder geschlossen und hoffte, man habe nicht bemerkt, dass er wach war.

»Wir sind uns sicher, dass es die Kinder der Triade waren, die ihn angegriffen haben«, sagte der Fremde zu Lowsi. »Sie gehören zu einer Gruppe aus Schanghai, die hier Verwandte besucht.«

Dann war es lange still. Der Raum knisterte vor Spannung. Tony wusste, dass sein Großvater jetzt mit seinem Rohrstock hantierte, den er durch die Hand laufen ließ und zwischendurch damit auf den Fußboden tippte. So machte er es immer, wenn er böse war.

»Sie können es nicht gewusst haben, dass dieser Junge dein Schüler ist«, fing der Fremde wieder an. »Denn sonst hätten sie nicht eine solche Schande über dein Haus gebracht.«

»Soll ich also annehmen, dass diese Jungen bereits bestraft sind?« Lowsis Stimme war eiskalt. Tony lag ganz, ganz still und versuchte, seinen Atem ganz flach und kontrolliert zu halten.

»Natürlich«, antwortete der Fremde. »Die Familie ist furchtbar streng mit ihnen verfahren, und die Triaden-Bosse möchten dich um Vergebung und Gnade bitten.«

»Du sollst ein Treffen vereinbaren«, war die Antwort.

Wieder Stille. Endlich merkte Tony, dass er allein war.

* * *

Tony sah Lowsi längere Zeit überhaupt nicht. Er war so schwer verwundet, dass er viele Wochen im Krankenhaus bleiben musste. Jowmo, seine Großmutter, besuchte ihn manchmal, aber viele Stunden verbrachte er ganz allein. Dann dachte er über den Angriff und über die Gesprächsfetzen nach, die er mitbekommen hatte.

»Was ist die Triade?«, fragte er die Krankenschwester eines Tages.

Sie blickte sich ängstlich um, als wenn sie sich fürchtete, dass jemand zuhören könnte.

»Das sind die, die alles beherrschen«, antwortete sie im Flüsterton. »Man muss große Angst vor ihnen haben.«

»Wie vor der Polizei?«

»Nein, sie sind böse Menschen, Gangster«, erklärte sie nervös. »Die Triaden arbeiten in ganz China. Aber du wirst nie mehr etwas mit ihnen zu tun bekommen. Sie respektieren deine Familie und werden dir nie wieder etwas tun.«

»Aber sie haben mir das hier getan«, rief Tony aufgeregt. »Ich habe gehört, dass ein Fremder es meinem Großvater erzählt hat.«

»Die Jungen, die dich angegriffen haben, wussten nicht, wer du bist«, sagte die Schwester, wobei sie sich wieder umschaute, als fürchte sie um ihr Leben. »Du bist der Enkel des Großmeisters Cheung Ling Soo. Nicht einmal die Triaden würden es wagen, ihn herauszufordern.«

Die Schwester hielt inne und richtete Tonys Verbände, sodass er aufstöhnen musste.

»Ich habe gehört, dass sie Wiedergutmachung leisten möchten«, fuhr sie fort.

»Was bedeutet das?«

»Wenn dein Großvater ihnen keine Gnade erweisen will, wird zwischen euren beiden Familien eine blutige Fehde entstehen – in dieser Generation und in der nächsten – bis der Rachedurst gestillt ist.«

»Rachedurst.« Dieses Wort verstand Tony nicht. Aber jede Nacht wurde er in seinen Träumen von dem Gelächter der Jungen gehetzt, während sie hinter ihm herjagten. Sobald er aufwachte, stellte er sich vor, wie sein Großvater sie mit seinem Bambusrohr verprügelte.

Eines Tages werde ich Kung-Fu-Großmeister sein, dachte Tony. *Dann wird es ihnen leidtun!*

KLEINER TIGER

Vier Jahre gingen vorüber, Jahre härtesten Trainings – aber Lowsis Methoden machten Tonys Körper stark und seine Sinne scharf. Er war auf dem besten Wege, ein gewandter und selbstbewusster Kung-Fu-Kämpfer zu werden. In den Dörfern ringsumher übten sich viele Jungen im Kung Fu – doch Tony allein wurde von dem großen Cheung Ling Soo trainiert.

»Wie kommt es, dass beinahe alle Leute Lowsi kennen?«, fragte Tony eines Tages Jowmo.

Die grauhaarige Frau lächelte stolz. »Dein Großvater gehört zu den meistgeachteten Männern in ganz China«, sagte sie. »Er ist einer der wenigen Großmeister der alten Schule des Kung Fu, und seine Vorfahren haben diese Kunst seit mehr als fünfhundert Jahren gepflegt.« Sie kam auf Tony zu und nahm seinen Kopf sanft in ihre Hände. »Ich weiß: Du hältst ihn für einen grausamen und herzlosen Menschen. In Wirklichkeit aber unterrichtet er dich auf der höchsten Stufe, so wie sein Vater und sein Großvater es getan haben. In unserer Familie gibt es sonst keine Jungen. Du hast nur dreizehn Cousinen, und es ist wichtig, dass die Lehre des Kung Fu den männlichen Nachkommen weitergegeben wird. Du allerdings …« Jowmo hielt plötzlich inne und drehte sich weg.

»Was ist los, Jowmo?«

Die Alte sah Tony wieder an und sagte: »Dein

Großvater hat ziemliche Mühe, dich zu akzeptieren, weil du kein reiner Chinese bist. Deshalb nennt er dich ›fremder Teufel‹ oder ›Rundauge‹. Dein Vater ist Italiener. Wir schickten deine Mutter zur Ausbildung nach England, hatten aber niemals erwartet, dass sie dort einen Fremden heiraten würde. Darüber können wir nur sehr schwer hinwegkommen.«

Tony blickte traurig zu Boden. Es war schon lange her, dass er an seinen Vater gedacht hatte. Er konnte sich nicht einmal mehr an dessen Gesicht erinnern.

Dann fuhr sie fort: »Lowsi ist ein sehr stolzer Mann. Er setzt seine Ehre aufs Spiel, indem er dich zum Kung-Fu-Kämpfer erzieht. Daran musst du immer denken und hart für ihn arbeiten.«

Tony wusste nicht, was er davon halten sollte. Die Erinnerungen an London waren längst verblasst. Er konnte sich nicht einmal mehr an die englische Sprache erinnern, geschweige denn dass er sie sprechen konnte. Dies hier war sein Leben, und seine Aufgabe bestand darin, den Respekt seines Großvaters zu verdienen. Es war leicht, Lowsi wegen seiner Grausamkeit zu hassen – aber hier galt nur die Ehre etwas, sonst nichts. Das begriff er nun. Er wollte sich Mühe geben und alles lernen, was er von Cheung Ling Soo lernen konnte. Denn auf diese Weise würde er der beste Kung-Fu-Kämpfer in ganz China werden.

* * *

Eines Tages durchwanderten Tony und Lowsi wie schon so oft den Wald am Rand des Gebirges. Die dichten Bäume brachten Kühle und Schutz vor der brennenden Sonne. Sehr oft wanderten sie hier in schweigender Meditation dahin, doch manchmal nutzte Lowsi solche Gänge auch, um Tony zu unterrichten. Es gab ja so vieles zu lernen.

Heute wiederholte Tony, was er über die alten Kaiser Chinas gelernt hatte, die vor der Kulturrevolution geherrscht hatten. Plötzlich hielt er inne.

Was war das? Er meinte, in einiger Entfernung im Dickicht eine Bewegung gehört zu haben.

»Geh weiter!«, befahl Lowsi. Tony strengte Augen und Ohren an, in der Hoffnung, weitere Bewegungen wahrzunehmen.

»Sie hört uns«, sagte Lowsi.

Natürlich hätte Tony wissen müssen, dass sein Großvater längst bemerkt hatte, was da vor sich ging. Lowsi hatte nämlich Augen wie ein Falke und konnte den leisesten Flügelschlag eines Schmetterlings hören.

»Sie?«, erkundigte sich Tony verwundert. »Wer oder was ist ›sie‹?«

»Die weiße Tigerin«, war Lowsis klare Antwort.

Tony zog die Luft scharf ein, um weder Schreck noch Aufregung zu zeigen.

»Sie folgt uns nun schon seit über drei Kilometern«, sagte Lowsi. »Und du hast sie jetzt erst bemerkt?«

»Ja«, gab Tony beschämt zu. Das war es doch, was er lernen sollte: immer hellwach zu sein – das

Unerwartete zu erwarten und immer alles ringsumher bewusst aufzunehmen.

»Die weiße Tigerin ist etwas ganz Besonderes«, sagte Lowsi, während sie wieder weitergingen. »Nur wenige wissen, dass sie hier lebt. Es gibt Leute, die sie wegen ihres Felles jagen würden – aber hier im Wald ist sie sicher.«

Während sie weitergingen, erzählte Lowsi noch mehr über die weiße Tigerin, wie sie lebte und sich bewegte und ihre Beute verfolgte. Tony hätte zu gern gesehen, dass sie auftauchte – aber die Bäume standen hier so dicht, dass er fürchten musste, sie nie zu Gesicht zu bekommen.

»Hab Geduld«, belehrte Lowsi ihn. »Hör nicht auf zu gehen. Sie ist nämlich neugierig und wird bestimmt hervorkommen.«

Bald wurde der Wald heller, und schon stand Tony in einer kleinen Lichtung. So unmerklich wie eine Eidechse und so geschickt wie ein Affe stieg Lowsi ganz schnell an einem riesigen Baum hoch, und Tony folgte ihm, ganz erfüllt von dem Gedanken, die Tigerin würde jetzt auftauchen. Die Zeit wollte und wollte einfach nicht vergehen. Lowsi hatte es sich neben Tony bequem gemacht und schien ruhig und entspannt zu sein, doch Tony wusste, das Lowsis Sinne hellwach waren wie die eines Raubvogels.

Plötzlich wies Lowsi mit dem Bambusrohr auf das Waldesdickicht.

»Ist sie da?«, fragte Tony aufgeregt.

»Sei still und warte. Ich sagte doch, dass sie neugierig ist. Sie kommt bestimmt.«

Tonys Augen wurden ganz weit, als das wunderbare Tier in die Lichtung hinaustrat. Sie hob das Haupt zum Himmel und roch die Luft. Jetzt konnte Tony ganz deutlich ihr wunderschönes cremeweißes, mit schokoladenbraunen Streifen verziertes Fell sehen. Als sie näher kam, waren auch ihre blassblauen Augen und das Rosa ihrer weichen Nase und ihres Mauls zu erkennen.

»Erkenne die Kraft ihres langsamen Ganges«, flüsterte Lowsi. Die Tigerin streckte sich aus, setzte sich auf ihre muskulösen Hinterbeine und zeigte ihre gelben Reißzähne, während sie müde gähnte.

»Sie spielt mit uns. Ich verfolge sie seit Jahren. Sie kennt meinen Geruch.« Tatsächlich: Die Tigerin schien völlig entspannt, doch Tony konnte sein Herz heftig pochen fühlen, als das großartige Tier die rasiermesserscharfen Krallen ausstreckte.

»Du musst nicht nur lernen, wie sie geht, sondern auch, wie sie denkt, ja sogar, wie sie atmet«, flüsterte Lowsi.

Lowsi hatte Tony über viele Tiere belehrt, und Tony hatte für sein Kung-Fu-Training viele Stunden damit verbracht, verschiedene Insekten und Schlangen zu beobachten. Ihre Lebensweise zu kennen, bedeutete, ihre Bewegungen nachahmen zu können. So lernte er das Hervorschnellen der Vipern, das Winden und Schlängeln der Kobras, die Listen der Gottesanbeterin und die Stechtechniken der Skorpione.

Doch jetzt richtete er seine Augen auf sie. Tony wusste, dass die Tigerin ihm gehören würde. Es war das Wesen des Kung Fu, sich alles anzueignen.

Noch nie war er so erregt. Er würde eins mit ihr werden, mit ihrer Kraft, mit ihrer Schnelligkeit und ihrer Fähigkeit, umherzustreifen und zu jagen und nicht gejagt zu werden und – einfach mit ihrer Schönheit!

Wenn er das alles erreichte – so wusste Tony –, würde er ein überragender Kung-Fu-Kämpfer sein.

In den folgenden Wochen folgten sie oft der Fährte der weißen Tigerin. Tony beeilte sich immer, seine Aufgaben zu erledigen, weil er hoffte, sein Großvater werde ihn dann mitnehmen in den Wald, um sie aufzuspüren. Manchmal nahm Lowsi große Stücke rohes Fleisch mit, um damit Duftspuren zu legen und sie anzulocken. Eines Tages, im Spätsommer, folgten sie ihr bis zu der Lichtung, auf der Tony sie zum ersten Mal gesehen hatte. Sie ging oft dorthin, um auszuruhen und zu spielen. Tony hatte gelernt, sich »gegen den Wind« zu bewegen, sodass sie ihn nicht entdecken konnte, bevor er ganz in ihrer Nähe war.

Heute ging er voran, von Lowsi gefolgt, und bedachte jede seiner Bewegungen, wie er es stets tat. Als sie an die Lichtung kamen, blickte die Tigerin auf. Sonnenstrahlen, von den Blättern gefiltert, fielen auf ihr seidiges Fell. Sie sah bezaubernder aus als je zuvor, und Tony liefen Schauer des Entzückens über den Rücken. *Sie weiß, dass ich es bin*, dachte er erregt, als sie kurz mit dem Schwanz schlug und dann ihren Kopf wieder auf die Farnkräuter niedersinken ließ. Wie gewöhnlich begann Lowsi, auf einen Baum zu steigen. Tony wollte ihm folgen, als Lowsi ihm mit Handzeichen zu verstehen gab, er solle unten bleiben. Was hatte er vor?

»Geh zu ihr hin!«, flüsterte Lowsi.

Tony erschrak. Was sollte das heißen? Sie waren dem gefährlichen Tier schon beängstigend nahe. Noch näher heranzugehen, würde mehr als leichtsinnig sein. Aber Tony wusste genau, dass er seinen Großvater nicht zu fragen hatte. Sein Herz begann furchtbar zu klopfen, und seine Hände wurden schweißnass.

»Kontrolliere dich selbst!«, zischte Lowsi. »Achte auf deine Atmung. Sie darf deine Angst nicht riechen.« Tony kannte diese Technik. Nach stundenlangen Übungen war er Herr seines Körpers geworden. Durch gezielte Atmung und Meditation brachte er sein heftig schlagendes Herz zur Ruhe und kühlte seine Haut ab. Jetzt konzentrierte er sich völlig auf die Anweisungen seines Großvaters.

»Sie kennt dich. Geh auf sie zu, als seiest du einer der Ihren. Werde wie eins ihrer Jungen.«

Tony machte einige vorsichtige Schritte.

»Hab keine Angst, sonst stirbst du!«, hörte er Lowsis feste Stimme.

Darüber bestand bei Tony kein Zweifel! Langsam und vorsichtig legte er seinen Wanderstab beiseite. Dann senkte er den Kopf und hielt seine Arme dicht am Körper. *Sie darf mich nicht als Bedrohung ansehen*, sagte er zu sich selbst.

Die Tigerin hob ihren gewaltigen Kopf und betrachtete ihn aufmerksam, aber Tony gab acht, den Blick nicht zu erwidern. Während er langsam und sehr ruhig atmete, machte er einige vorsichtige Schritte auf das Tier zu. Bald stand er in Armesweite vor der wunderschönen Räuberin. Eine Weile stand er still, und die gewaltige Tigerin blieb ohne Bewegung. Dann ließ sie ihren Kopf faul auf den Boden sinken. Tony lächelte.

Ob er es wagte? Langsam drehte er sich zurück zu seinem Großvater auf dem Baum. Lowsi nickte zur Bestätigung. Vorsichtig beugte sich Tony nieder und streckte die Hand aus. Die Tigerin blinzelte schläfrig und hob das Gesicht. Sie erinnerte Tony an die Hauskatzen, die überall auf dem Hof herumlungerten und an den Ohren gekrault werden wollten. Bevor er richtig begriff, was er tat, streichelten Tonys Hände ihren Kopf. Sie schnupperte an seiner Handfläche und zeigte ihre rosa Zunge, als sie ihre langen Barthaare ableckte. Ein Schauer des Entzückens überkam ihn. Ganz voller Freude drehte er sich wieder zu Lowsi um.

Plötzlich knackte etwas. Es war die Spitze eines Zweiges. Tony sprang auf. Der Kopf der Tigerin fuhr in die Höhe, und eine der mächtigen Vorderpranken fuhr dicht an Tony vorbei. Irgendwie gelang es Tony, sich in Sicherheit zu bringen. Aber schon kam die andere Pranke geflogen. Sie begann sich zu erheben. Tony wusste, dass es nur noch Augenblicke dauerte, bis er in Stücke gerissen würde! Er wollte am liebsten fortlaufen, doch das wäre ihm niemals gelungen. Stattdessen zog er seine Arme zurück, ganz nah an seinen Körper, beugte den Kopf und machte einen kleinen Schritt rückwärts.

Bloß nicht bewegen! Bloß nicht bewegen!, sagte er sich selbst und biss sich auf die Zähne. Es klappte. Das Tier erhob sich nicht weiter. Tony machte einen weiteren Schritt zurück, und die Tigerin überließ sich wieder ihrer Trägheit.

Eine Weile blieb Tony noch stehen – bis er sich sicher war, dass sie sich wieder beruhigt hatte. Dann – ohne die Augen von ihr zu wenden – zog er sich in die Sicherheit der hohen Bäume zurück.

Lowsi begrüßte ihn mit einer Verbeugung. Es war das erste Mal, dass er ihm dieses Zeichen seiner Achtung zukommen ließ.

»Du hast gut gelernt«, sagte er. »Von nun an wirst du ›Lo Fu Zai‹ heißen. Das bedeutet: ›Kleiner Tiger‹.«

DER KUNG-FU-KÄMPFER

Einige Zeit später führte Lowsi Tony wieder tief in den Wald. Es war noch sehr früh, und sie waren schon viele Kilometer gewandert, ehe die ersten Strahlen der Morgensonne durch die Zweige der Bäume brachen. Tony dachte, er wüsste die meisten Wege durch den Wald. Doch an diesem Morgen ging es in eine ganz neue Richtung. Immer weiter wanderten sie, dabei mussten sie oft lose Äste zur Seite werfen und über umgefallene Bäume klettern, während sie einem uralten Pfad folgten. Lowsi schritt zielbewusst voran. Er wusste genau, wo er zu gehen hatte, doch Tony fragte sich, was das Ziel der Reise wohl sein würde. Tony war sich sicher, dass Lowsi eine Aufgabe für ihn im Sinn hatte. Ihn graute davor. Was konnte es sein?

Plötzlich blieb Lowsi stehen. Sie hatten eine kleine Lichtung zwischen den Bäumen erreicht. Tony schluckte. Vor sich erblickte er ein großes Holzgestell. Es wurde durch ein schweres Seil, das an dicken Ästen befestigt war, über dem Boden gehalten. Bei genauerem Hinsehen erkannte Tony Hunderte von Metallspitzen, die an der Unterseite des Holzgestells herausragten.

»Geh im ›Tigerstand‹ unter das Gestell!«, befahl Lowsi und hob das Gestell mit dem Seil etwas hoch.

Gehorsam ließ sich Tony auf die Hände und Knie nieder, dann streckte er die Beine hinter sich aus. Dadurch lag sein Körpergewicht auf seinen Armen und seinen Zehen.

»Tiefer!«, forderte Lowsi.

Tony bewegte sich so weit, dass seine Hüften parallel zum Boden waren.

»Das nennt man den ›flachen Tigerstand‹«, sagte Lowsi, während er langsam das Seil durch die Hände gleiten ließ. Das Gestell ächzte, als es sich Tony näherte. »Diese Übung wird deine Beine kräftigen.«

Tonys Gesicht berührte fast den Boden. Lowsi ließ das Gestell noch tiefer herab, und Tony fühlte die scharfen Spitzen, die sich ins Fleisch seiner Schultern, seines Rückens und seiner Beine bohrten.

»Achte darauf, nicht aufstehen zu wollen!«, sagte Lowsi. Dann war es still. Lowsi war im Wald verschwunden.

Tony konnte sich überhaupt nicht bewegen. Er hatte kein Zeitgefühl, doch nach einer – wie er meinte – sehr langen Zeit tat ihm alles weh. Wie gern hätte er seine Stellung verändert – doch selbst bei der kleinsten Bewegung fühlte er, wie sich die scharfen Spitzen in seine Haut bohrten. Er schloss die Augen und versuchte zu meditieren. Aber seine Arme und Beine begannen zu brennen, weil sie das Gewicht des Körpers halten mussten. Wie lange würde Lowsi ihn in dieser Stellung lassen? Schweiß begann von seinem Kopf, von seinem Gesicht zu rinnen, und er öffnete die Augen, um die kleinen Pfützen zu beobachten, die dadurch im Staub entstanden.

Er musste sich bewegen, musste seinen Schmerz erleichtern. Aber Au! Er hatte sich nur ein wenig gedreht, da grub sich auch schon eine Eisenspitze tief in seine rechte Schulter. Jetzt wurde der Staub sicher auch noch von vielen Blutstropfen bespritzt! Tränen rannen über sein Gesicht, während er damit kämpfte, die Spannung in seinen schmerzenden Muskeln aufrecht zu halten. Was konnte er machen? Nichts! Nur abwarten, sich konzentrieren und an etwas anderes denken als an diese Folter ...

Plötzlich hörte er die Stimme seines Großvaters. Lowsi war wieder zurückgekommen. »Den Schmerz kannst du lindern, wenn du mit einem Bein direkt über den Grund fährst«, sagte er kalt.

Tonys Beine waren so verkrampft, dass er meinte, sie überhaupt nicht bewegen zu können. Endlich atmete er tief ein, dann hob er beim Ausatmen das linke Bein. Ein stechender Schmerz durchzuckte seinen Körper, als er es in die neue Stellung brachte.

»Das nennt man den ›Pfeil- und Bogenstand‹«, sagte Lowsi. »Wir werden ihn und andere flache ›Stände‹ üben. Du musst in der Lage sein, schnell vom ›flachen Tiger‹ zur ›kämpfenden Katze‹ zu wechseln und dich gleich wieder in die ›Pferdstellung‹ zu drehen.« Tony wusste, dass dies alles noch viele Schmerzen und endloses Üben bedeutete – aber er war dazu entschlossen. Seine Beine wurden zu verknoteten Seilen felsenharter Muskeln, während Lowsi ihm weitere Übungen beibrachte, um seine Durchhaltekraft zu trainieren.

Am nächsten Tag war Tonys gesamter Körper

noch immer voller Schmerzen und Wunden. So freute er sich, als Lowsi ihm eine völlig andere Aufgabe stellte. Nach ihrer morgendlichen Hausarbeit brachte er ihm ein Tintenfass, ein hübsches Etui mit bronzenen Federn und ein Stück Pergamentpapier.

»Du sollst alles aufschreiben, was du über die Technik des ›kämpfenden Tigers‹ gelernt hast«, befahl Lowsi.

Der Hof war immer ein Ort des Elends und der Quälerei gewesen. Doch jetzt saß Tony und arbeitete im Sonnenschein. Er blickte über das Mondtor hinaus auf die fernen Wände der Südabhänge des Hanshan Si, des »Kalten Berges«. Er stellte sich vor, wie die weiße Tigerin durch die Wälder schlich, ihre Opfer jagte und sich vor den Jägern auf die hohen Gipfel zurückzog. Er lächelte. Wenn er wegen des Sonnenlichts die Augen zusammenzog, konnte er gerade noch das Kloster erkennen, das sich an die Bergwand schmiegte. Schon einige Male war er mit seinem Großvater dort gewesen, obwohl es ein langer, kalter und gefährlicher Weg dorthin war.

Über seinem Kopf tanzten die mythologischen Tiere auf dem Dach des Hauses. Er erinnerte sich an den Schrecken während der ersten Tage hier draußen auf dem Hof. Doch schien es ihm lange her zu sein. Jetzt kannte er die Bedeutung der einzelnen Gestalten. Jowmo hatte ihm alles erzählt. Sie war wie die meisten Leute im Dorf sehr abergläubisch und meinte, die Tiere beschützten das Haus vor Unglück. Als er noch klein war, hatte er sich vor den seltsamen Geschichten von Dämonen, Göttern und bösen Geistern gefürchtet. Jetzt wusste er, dass man beim Kung Fu lernte, nichts und niemanden zu fürchten.

Lowsi verfügte über vielerlei schreckliche Methoden, jegliche Angst aus seinem Schüler herauszuprügeln. Eine davon war die Bergwanderung. Da kletterten sie tagelang umher, bis sie an eine furchterregende Schlucht kamen. Der Sturm tobte, und Tony konnte kaum erkennen, wohin er trat. Er wusste, dass ein falscher Tritt genügte, um sich an der steilen Wand zu Tode zu stürzen. Das Gehen fiel schon schwer genug, aber Lowsi ließ ihn ganz nahe an den Abgrund treten, um dort seine Übungen zu absolvieren. Der Regen peitschte sein dünnes Gewand, und die Sturmböen drohten ihn in die grausige Tiefe zu fegen. Doch Tony nahm sich zusammen und konzentrierte sich. Wenn sein Großvater in der Nähe war, gab es für Tony keine Möglichkeit, Ängste zu zeigen.

* * *

Während der nächsten Jahre setzte Tony sein anstrengendes Training fort, und als er elf Jahre alt wurde, begann Lowsi, Möglichkeiten zum Kämpfen zu arrangieren. Jetzt konnte Tony das Gelernte mit anderen Jungen üben. Sie wanderten zu den verschiedensten Tempeln in ganz China, um andere Kung-Fu-Schüler zu treffen. Manchmal waren sie monatelang an einem Stück unterwegs, indem sie in den Nordosten des Landes reisten oder ganz in den Westen, nach Tibet, und manchmal sogar über die Grenze nach Pakistan.

Tony hatte gelernt, seine inneren Gefühle nicht zu zeigen – weder Furcht noch Traurigkeit, weder Freude noch Verwunderung. Als er aber zum ersten Mal die Lichter des Hafens von Hongkong sah, weiteten sich seine Augen doch vor Erstaunen. Sie waren zu einem Wettkampf nach Hongkong gefahren. Das schien ihm ein ganz seltsamer Ort zu sein. Von seinem ersten Zuhause hatte Tony nur noch eine schwache Vorstellung, doch als er die Menschen in westlicher Kleidung sah und die Autos und das Schieben und Drängen, erinnerte ihn das an London. Einige Augenblicke fragte er sich, wie es seinen Eltern wohl gehen möge. Ob sie noch in London lebten? Warum hatten sie ihm nie geschrieben? War sein Vater wohl immer noch krank? Würde er sie jemals wiedersehen? Etwas, tief in seinem Innern, bedrückte ihn. Doch dann schob er solche Gedanken schnell beiseite. Was ging ihn das an? Er brauchte niemanden. Er hatte sein Kung Fu, und das allein zählte.

»Das Kumatai ist die höchste Bewährungsprobe«, erzählte Lowsi ihm, während er Tony durch ein Labyrinth dunkler Gassen lotste. Viele Leute dort schienen dasselbe Ziel zu haben, aber Tony sah nur wenige Jungen seines Alters in der Nähe. Diejenigen, die er sah, waren auch Schüler, die mit ihren Meistern nach Hongkong gekommen waren, um beim Kumatai dabei zu sein.

Die Luft wurde immer dicker, und wenn Tony aufblickte, konnte er den Himmel zwischen den hohen Gebäuden kaum noch sehen. Schließlich zogen sie die Köpfe ein und drängten sich durch eine schmale Pforte.

Der plötzliche Lärm verwunderte Tony. Da war eine riesige Halle, die nach Tieren und nach altem Schweiß roch. Hunderte von Stühlen bildeten große Kreise um eine Behelfs-Arena. Die Menschen riefen, winkten und pfiffen, um Aufmerksamkeit zu erregen und ihre Wetten abzuschließen. Tony und sein Meister nahmen mitten in der verrückten Menge Platz.

»Die sind blutgierig«, erklärte Lowsi, als Tony überall herumschaute. »Beim Kumatai gilt völliges Freistil-Kämpfen. Da kannst du alle Arten von Kampftechniken sehen, die heute angewendet werden.«

»Dann werden heute Menschen sterben?«, fragte er, nachdem er verstanden hatte, dass die Wettkämpfer vor nichts zurückschrecken würden, um ihren Sieg über den Gegner sicherzustellen.

»Ja, oder zumindest werden welche schwer verletzt. Darum ist auch so viel Geld im Spiel.«

Tony sah, dass sich einige Wettkämpfer aufwärmten. Es waren Kickboxer aus Thailand. Andere wieder benutzten Karateschläge, vermischt mit anderen Disziplinen, die sich vom Kung Fu gänzlich unterschieden. Schauer der Erregung liefen über Tonys Körper, als er sah, wie verrückt manche Wetter herumschrien, um ihre Einsätze zu platzieren.

Tony wusste, dass sein Großvater oft beim Kumatai gekämpft hatte und immer unbesiegt geblieben war. Er schaute zu seinem Meister hinüber, der in stiller Meditation dasaß. Doch plötzlich – als hätte er Tonys Gedanken gelesen – sagte er: »Eines nahen Tages wirst du, Lo Fu Zai, das Kumatai beherrschen.«

Tony wusste, dass er recht hatte.

DER SCHULTYRANN

»Du wirst jetzt wieder nach London zurückreisen!«

Tony konnte nicht glauben, was er da hörte. Nach all diesen Jahren sollte er wieder nach England reisen!

»Du wirst da bei deinen Eltern leben«, verkündete Lowsi ihm, »aber ich habe dafür gesorgt, dass du dein Training fortsetzt. Dann wirst du zu gegebener Zeit zu mir zurückkehren.«

Was hieß »zu gegebener Zeit«? Tony kam aus dem Verwundern nicht heraus. Aber er wusste: Seinen Großvater durfte er nie fragen. Stattdessen versuchte er sich vorzustellen, was auf ihn zukommen würde. Ob er wohl seine Mutter und seinen Vater wiedererkennen würde? Sie waren jetzt Fremde für ihn. Würden sie sich überhaupt freuen, ihn zu sehen? Auch hatte er längst die englische Sprache vergessen, die er als ganz kleiner Junge gesprochen hatte. Er kannte nur noch Chinesisch. Was wäre, wenn sie ihn gar nicht verstehen können? Irgendwie erinnerte er sich, dass man ihm erzählt hatte, sein Vater sei krank ... Ja, nach und nach tauchte einiges wieder auf – etwa das, was seine Mutter ihm erzählt hatte, und warum er im Alter von vier Jahren nach China geschickt wurde ... Tony schüttelte sich, wenn er an die ersten Tage bei seinem Großvater dachte, an die qualvollen Übungen und an die täglichen Schläge.

Auf ihrem Weg zum Flughafen saßen sie in stiller Meditation nebeneinander, aber Tony war unglücklich. Verstohlen blickte er auf den alten Mann, der ganz ruhig neben ihm saß. Was bedeutete es wohl, von ihm befreit zu sein? Tony konnte es sich nicht so recht vorstellen. Lowsis Training hatte jedes Gefühl für Angst aus ihm herausgeprügelt, aber irgendetwas Eigenartiges ging jetzt in ihm vor. Er hatte ein bisher unbekanntes Gefühl in der Magengrube, und die Gedanken an London und an seine Eltern trieben ihm den Schweiß auf die Stirn. Tonys Welt war dabei, völlig auf den Kopf gestellt zu werden, und ihm blieb nichts übrig, als alles gehorsam auf sich zu nehmen, was ihm begegnen würde.

Erst als sie den Bestimmungsort erreicht hatten, brach Lowsi das Schweigen: »Ich habe mit der Internationalen Kung-Fu-Föderation in Genf in der Schweiz abgemacht, dass sie in London einen Privatlehrer für dich bestimmen. Sie bezahlen dir das beste Training.«

Damit verbeugte sich Lowsi, drehte sich um und ging davon.

Einige Augenblicke schaute Tony seinem Großvater nach. Er hatte sich immer vor ihm gefürchtet, ja mehr noch: Er hasste ihn. Aber Lowsi war sein Meister, darum respektierte er ihn, und außerdem kannte er sonst niemanden. Jetzt war er ganz allein auf der Welt ...

Das Flugzeug erhob sich in die Luft. *Was kommt nun?*, fragte sich Tony. *Wie wird es in England sein?* Er wusste so wenig darüber. Nicht einmal die Sprache beherrschte er mehr.

Vom Dröhnen der Motoren schlief er ein, und als er erwachte, setzte das Flugzeug gerade zur Landung auf dem Londoner Flughafen Heathrow an. Das war der Anfang seines neuen Lebens. Die Stewardessen hatten sich sehr freundlich um ihn gekümmert, kam es doch nicht oft vor, dass ein Zwölfjähriger allein flog. Als er aus dem Flugzeug stieg, nahm eine freundlich blickende Dame ihn an die Hand. Die Fluggesellschaft hatte sie zu seiner Hilfe geschickt. Tony kam sich sehr dumm vor. Er konnte sich nicht erinnern, schon einmal von jemandem so an die Hand genommen worden zu sein. Aber die Hand wegzuziehen, erschien ihm grob und ungehörig. Sie sprach mit ihm, aber Tony sagte nichts.

Sie folgten den anderen Fluggästen zu den Eingangshallen. Tony hielt seinen Beutel, der von einem Zugseil verschlossen war, fest in der Hand. Er besaß ja nicht viel – nur eine zweite Jacke und einige Bücher.

Plötzlich sahen sie in ein Meer von Gesichtern. Jedes von ihnen erwartete jemanden. Wo waren seine Eltern? Wie würde er sie erkennen? Er suchte die ganze Menge ab.

Die Leute verschwanden schnell. Jeder hatte einen Ort, zu dem er gehen wollte.

»Tony?«

Er drehte sich um und sah zwei Personen. Die eine, eine Frau, erkannte er sofort als seine Mutter. Sie war Chinesin und hatte ihre Lippen grellrot gefärbt und trug lange schwarze Augenwimpern. Sie sah sehr hübsch aus. Neben ihr saß ein kränklich aussehender Mann in einem Rollstuhl. War das sein Vater? Erst als der Mann lächelte, erkannte Tony ihn. Ja, er war es. Aber was war mit ihm los? Er sah schrecklich schwach aus und viel kleiner, als Tony ihn in Erinnerung hatte. Die beiden Frauen wechselten einige Worte, dann ließ die Begleitperson Tonys Hand los, lächelte und verschwand.

Er durfte mit seinen Eltern nach Hause kommen, aber die folgenden Tage waren schwierig. Tony konnte von dem, was seine Eltern sagten, nur wenig verstehen. Manchmal gab seine Mutter ihm auf Chinesisch einige Anweisungen, doch nie kam es zu einer richtigen Unterhaltung.

»Ich muss mit dir einkaufen fahren«, sagte sie eines Tages kurz angebunden.

Sie stiegen in einen Bus, der sie zum nahe gelegenen Supermarkt brachte. Tony erinnerte sich an die weiten Märsche mit Jowmo zum Markt und zurück mit den schweren Einkaufskörben. Aber das hatte ihm nichts ausgemacht, war es doch immer gut, dem strengen Training entronnen zu sein und sich in das dichte Gedränge der kleinen Geschäfte und der Straßenhändler zu stürzen.

Nun griff sich Tony einen riesigen metallenen Einkaufswagen und rollte ihn wie seine Mutter durch die grell erleuchteten Gänge des Supermarkts. Er nahm die meisten Dinge in den Regalen gar nicht wahr, aber die vielen bunten Schachteln, Dosen und Verpackungen interessierten ihn doch sehr. Bei der Kasse half er seiner Mutter, den Inhalt des Einkaufswagens auf das eigenartige Transportband zu entleeren. Doch ehe er fertig war, schickte sie ihn schon nach vorn.

»Los, los! Pack die Sachen ein!«, sagte sie mit einer schnellen Handbewegung. Tony wusste nicht genau, was sie meinte. *Warum nur sprach sie nicht Chinesisch mit mir?*, fragte er sich irritiert. Er blickte hinüber zu den anderen Kassen und sah, wie die Leute Plastikbeutel nahmen und ihre Sachen hineinstopften. Pflichteifrig machte er das nach.

Wie er zu seiner Mutter zurückschaute, sah er, dass sie ihren Mantel auf einige Waren in dem Einkaufswagen gelegt hatte. Nun schob sie den Wagen an der Kasse vorbei. Dann nahm sie Geld aus dem Portemonnaie, um zu bezahlen.

»Mama, schau mal«, sagte Tony und versuchte, ihre Aufmerksamkeit zu erregen. Sie überhörte ihn. »Mama, du hast was vergessen. Da sind noch Sachen im Wagen«, sagte er auf Chinesisch. Da blitzte sie ihn an. *Sei still!*, bedeutete ihr finsterer Blick.

»Aber schau doch, unter deinem Mantel …«, sagte Tony wieder auf Chinesisch, weil er meinte, seine Mutter hätte nicht gehört, was er sagte. Jetzt blickte sie ihn zornig an. Es war, als schaute er in Lowsis Augen. Ja, diesen Blick kannte er. Er sagte ihm: *Jetzt sei still, wenn es dir nicht leidtun soll!* Dann erst begriff er, dass seine Mutter genau wusste, was sie tat. Unter dem Mantel hatte sie Dinge versteckt, für die sie nicht bezahlen wollte. Tony wusste nicht, was er machen sollte. Seine Mutter war eine Diebin! Sollte er noch einmal versuchen, mit ihr zu reden? Noch bevor er zu Ende gedacht hatte, schob sie den Wagen grob an ihm vorbei und ging aus dem Laden. Danach überließ sie ihm die schweren Einkaufsbeutel.

Schweigend fuhren sie nach Hause. Tony war angespannt und fühlte sich unglücklich. Warum hatte seine Mutter das getan? Er warf ihr einen kurzen Blick zu und schaute dann wieder auf seine Knie. Sie blickte starr geradeaus, die Lippen fest zusammengepresst und auf der Stirn eine steile Falte. Er wusste, dass er sie nie auf diese Angelegenheit ansprechen durfte.

Traurig blickte er aus dem Fenster. Alles war hier so anders. England war laut und voller geschäftigem Verkehr. Jeder schien es eilig zu haben. Aber schlimmer als alles: Seine Mutter war eine Diebin! *Hierher will ich nicht gehören!*, dachte er. Und wieder fühlte er den seltsamen Druck in der Magengegend. So entschied er sich zu meditieren, um das Empfinden der Unruhe loszuwerden, das jetzt nach ihm greifen wollte.

Nachts schlief er auf dem Fußboden. An ein bequemes Bett mit Betttüchern und -decken konnte er sich nicht gewöhnen. Oft lag er wach. Wenn er die Augen schloss, meinte er das Gurgeln eines Baches oder das Zirpen der Grillen zu vernehmen. Aber nein – Kanton lag am anderen Ende der Welt. Jetzt erfüllte das Brummen der Autos die Luft. Es gab nur Verkehrslärm ohne Ende und rufende Menschen und ferne Sirenen.

* * *

Nach einigen Wochen begann für Tony der Unterricht in der nächstgelegenen Gesamtschule. Da gab es vieles, was er nicht verstand, und er fühlte sich todunglücklich. Die anderen Kinder waren grob und hatten kein Benehmen. Er war erzogen worden, niemals einen Erwachsenen anzusprechen, bevor er dazu ermuntert wurde. Es war ihm unglaublich, wie die Klassenkameraden mit ihren Lehrern umsprangen. Aber warum konnten sich die Lehrer so wenig durchsetzen? Warum ließen sie sich das gefallen?

Am Anfang wollte er immer ganz für sich allein bleiben. Oft gab es Streitereien, wenn die Schüler auf den Lehrer warteten. Die Jungen kletterten auf die Tische und brüllten durch die Klasse. Manchmal brachen richtige Kämpfe aus, doch Tony saß nur still dabei.

»Hey, Schlitzauge, was ist mit dir?« Ein dicker, rotgesichtiger Junge ließ sich auf Tonys Tisch fallen. Tony blickte nicht auf.

»Du redest wohl nicht viel?«, fing der Junge wieder an.

Tony blickte immer noch nicht auf. Ruhig ließ er seinen Bleistift durch die Finger gleiten und erinnerte sich an die Belehrungen seines Meisters: »Die Kunst des Kung Fu besteht darin, Frieden zu halten. Benutze deine Fähigkeiten zum Kämpfen nur, um dich selbst zu schützen!«

»He, Chinky, du weißt wohl nicht, dass es sich nicht gehört, wenn man nicht antwortet«, sagte der Junge nun ziemlich laut. Die anderen wurden aufmerksam. Tony blickte stur geradeaus.

»Los, Chinky, sag was!«

Im Klassenzimmer wurde es still. Jeder wusste, dass Jenkins ein Schlägertyp war. Er quälte immer Kinder afrikanischer oder asiatischer Herkunft. Seine Mitschüler mochten ihn nicht leiden – aber sie wollten doch sehen, was Tony machte. Dieser neue Junge sagte nie etwas. Er versuchte nicht einmal, Freunde zu gewinnen. Was war mit ihm los? Würde er einfach stillhalten und sich von Jenkins verprügeln lassen?

Tony wusste, was sie von ihm dachten – aber das machte ihm nichts. Er brauchte niemanden. Was Jenkins anging, so konnte er diesen Idioten ganz leicht zusammenschlagen, wenn der es denn so wünschte.

Tonys Schweigen machte den Rowdy ganz wild. Sein plumpes Gesicht wurde noch roter. »Pass auf, Bürschchen«, knurrte er wütend, »du solltest lieber den Mund aufmachen, sonst …!«

In diesem Augenblick kam der Lehrer in den Klassenraum gestürzt. »Hinsetzen!«, schrie er. Die Schüler begaben sich gemächlich an ihre Plätze.

»Steven Jenkins, du gehst sofort an deinen Platz!«, befahl der Lehrer.

»Ich beobachte dich, Schlitzauge«, zischte er noch, bevor er zu seinem Platz schlurfte.

Blöder Kerl! Er hat ja gar keine Ahnung, dachte Tony.

Jenkins versuchte ständig, Tony zu reizen. Sobald er ihn sah, rief er ihm dummes Zeug nach und beschimpfte ihn. Tony ließ es an sich abgleiten. Er war stark und diszipliniert. Er hatte das Theater mit dem Kämpfen nicht nötig. Niemals würde er sich von Jenkins provozieren lassen, und niemand konnte ihm so nahe treten, dass er ihn verletzen könnte.

Tony war ganz einsam. Er hasste die Schule, doch arbeitete er hart und hielt sich von Streitereien fern. Jeden Abend besuchte er noch Sprachlehrgänge, um sein Englisch zu verbessern. Er konnte schnell lernen, doch manchmal tat er in der Schule, als verstände er etwas nicht. Damit machte er sich das Leben leichter.

Eines Tages zeig ich es euch allen!

Tony blickte auf, als Jenkins sich an ihm vorbeischob. Alle hatten sich für das Mittagessen der Reihe nach aufgestellt. Jenkins und seine Kumpel drängten sich brutal vor. Niemand wagte Einspruch.

Versuch's doch mal, dachte Tony, und Wut kam in ihm hoch. Jenkins hätte sich gern mit ihm angelegt, das wusste Tony. Er wusste auch, dass der Kerl es gar nicht vertragen konnte, wenn man ihn ignorierte. Alles in ihm wollte nach vorn gehen und Jenkins aus der Reihe ziehen. Aber stattdessen hielt er die Augen auf den Boden gerichtet.

Jetzt blickte Jenkins nach hinten. »Seht mal, wie ängstlich er ist!«, rief er so laut er konnte. »Zu ängstlich, etwas zu sagen, was, Chinky?«

Tonys Fäuste ballten sich – aber immer noch blickte er zu Boden. Jenkins' Bande feuerte ihren Boss durch lautes Gelächter an. Alle hätten gern gesehen, wenn Tony den Köder aufgenommen hätte.

Nein, heute nicht. Heute soll es noch nicht sein, sagte er sich selbst.

Später, am Abend, war Tony auf dem Weg zur Sprachschule. Wie er so im Dunkeln stand, dachte er an die vielen Male, die er Jenkins ausgewichen war, um Frieden zu halten. Das war die Weise des Kung Fu: immer Frieden halten, und nur zum Zweck der Selbstverteidigung kämpfen. Aber nun wurde es zu schlimm. Tony war zornig. Er wusste, dass auch dies mit dem Kung Fu nicht übereinstimmte – aber Jenkins und seinen blöden Freunden musste eine Lektion erteilt werden. Und außerdem musste er jetzt selbst entscheiden. Lowsi war nicht da, der ihm etwas befehlen konnte. Tony fielen die Triaden-Jungen ein, die ihn damals angegriffen hatten. Damals war er noch klein und hatte kein Kung-Fu-Training und konnte sich daher nicht verteidigen.

Jetzt standen die Dinge anders. Er ballte die Fäuste. *Nächstes Mal, Steven Jenkins, nächstes Mal!*

»Ha, da ist es ja, das alte Schlitzauge.« Tony hörte das bekannte Kichern der Bande. Er setzte seinen Weg über den Spielplatz fort und sah, wie Jenkins und seine Kumpel einen kleineren Jungen aus Afrika umzingelt hatten. »Los, schnappen wir uns den Chinky, oder?«

Tony blieb stehen. Er schaute Jenkins nicht direkt an. Aber ein Blick von ihm genügte, dass der Raufbold sein Interesse an dem anderen Jungen verlor. Aus den Augenwinkeln sah Tony, wie der Rowdy dem Kleinen noch rasch einige kräftige Ohrfeigen gab, bevor er ihn laufen ließ. Wie ein ängstliches Kaninchen floh der Gepeinigte Richtung Schule. Wut kam in Tony hoch. Dass Jenkins mit ihm Streit suchte, war eine Sache – aber dass er so mit Schwächeren umging, brachte Tonys Blut zu Kochen. Dies war vielleicht der Tag!

»Solltest dich beeilen, ey, Schlitzauge, del geblatene Leis wild kalt.«

Tony stand ganz ruhig da.

Jenkins kam näher. »Na, was gibt's?«

Immer noch nichts.

»Ha, guckt euch das an, Jungs, der Chinky ist zu ängstlich, um mit mir zu reden. Stimmt's?« Jetzt stand er direkt vor Tony. »O nein, ich hab es ganz vergessen: Du kannst gar kein Englisch, oder?« Jenkins begann vor Tony herumzutanzen, wobei er die Augen zu schmalen Schlitzen machte. Die anderen Jungen stimmten ein und lachten und stachelten ihren Boss auf. Jenkins kam bedrohlich nahe. »Weißt du nicht, dass es sich nicht gehört, nicht zu antworten?«, sagte er – und fasste seinen Arm an.

»Lass mich los«, sagte Tony schließlich ganz leise.

Gerade das hatte Jenkins gewollt. Er warf den Kopf in die Höhe und ließ ein lautes Gackern hören. »Wir haben ihn so weit, Jungs. Er sagte uns: ›Wass mich wos!‹ Ha, ha, ha.« Damit wollte er Tonys Aussprache nachäffen. Dann drehte er sich zu seiner Bande um, und immer noch lachend fuhr er wieder herum und gab Tony einen kräftigen Stoß.

»Hey, Leute, habt ihr Chinkys Mutter gesehen? Die sieht gut aus. Leicht zu haben auch, wie ich hörte. Ich könnte mich gut mit ihr amüsieren.«

Das war zu viel. Wie ein Blitz trat Tony mit voller Wucht mitten in Jenkins' Gesicht.

Der krachte zu Boden. Das Blut strömte aus seiner Nase. Tony stand über ihm und sagte nichts. Am ganzen Leib zitternd versuchte Jenkins, noch immer auf dem Rücken liegend, sich mühsam fortzuwinden.

»Bist du verrückt?«, schrie er, aber die blasse Angst stand in seinen Augen.

Tony wandte sich den anderen zu. Die standen schreckensbleich wie angewurzelt auf der Stelle. Er trat auf sie zu, da stürmten sie nur so auseinander.

Tony ging ruhig fort und ließ Jenkins zurück, der seinen Freunden Flüche und Verwünschungen hinterherschrie, weil sie ihn im Stich gelassen hatten.

ENDLICH ANERKANNT!

»Haste den Tritt von ihm gesehen?«

»Nein, aber Shane Lewis sagte, als er aus dem Physiktrakt kam, hätte er Jenkins wie ein Baby schreien gehört.«

»Das kannste annehmen!«

»Bosser sagt, da wär ringsherum alles voll Blut gewesen. Er sagt, er will mit Jenkins' Bande niemals mehr was zu tun haben.«

»Hat vielleicht Angst, dass Tony ihm auch eins aufs Maul gibt.«

»Na ja, der Jenkins hat's verdient. Aber ich hab auch gehört, dass Jenkins von der Schule fliegt, weil er sich mit allen prügelt ...«

Tony musste lächeln, als er draußen vor der Klassentür stand und das Gespräch der beiden mithörte. So, Jenkins sollte fliegen. Na, seinetwegen gern! Der Direktor hatte nicht viel zu ihm gesagt, als er zu ihm bestellt wurde. Er hatte nicht einmal nach den Gründen gefragt. Alle, auch die Lehrer, wussten, dass Jenkins es die ganze Zeit auf Tony abgesehen hatte, seitdem er dort zur Schule ging. Es war nur eine Frage der Zeit, wann es zwischen den beiden Jungen zu Handgreiflichkeiten kam.

Aber jeder war überrascht, wie Tony sich zu wehren wusste. Die Geschichte von dem Kung-Fu-Tritt verbreitete sich wie ein Lauffeuer in der Schule, und Tony bemerkte überall die bewundernden Blicke seiner Mitschüler. Plötzlich sah es aus, als ob jeder sein Freund sein wollte.

Nun ging Tony ins Klassenzimmer, und sogleich versammelten sich alle Jungen um ihn.

»He, Tony, zeig uns, wie du das gemacht hast.«

»Ja, Junge, komm, Tony, wie hast du das gemacht? Zeig uns noch mehr von dem Kung-Fu-Zeug«, verlangte Simon Hobson.

Tony grinste, als noch mehr herzukamen. Er wollte keine Show abziehen, auch wusste er kaum, wie er mit der neuen Beachtung umgehen sollte – aber etwas in ihm hatte sich verändert, seit er gegen Jenkins ausgeholt hatte. Er hatte nun lange genug an sich gehalten, hatte sich nur um seine Angelegenheiten gekümmert. Die anderen hielten ihn für ängstlich und schüchtern, weil er schlecht Englisch sprach. Tatsächlich war er aber nur traurig, weil er ein Außenseiter blieb, andererseits gab er sich auch keine Mühe, die Freundschaft eines anderen zu suchen. Jetzt aber hatte er ein wenig von dem gezeigt, was er wirklich war, und in ihm wuchs ein Gefühl der Kraft, das er vorher nie gekannt hatte. Obwohl er manchen Kung-Fu-Sieg errungen hatte, hing er bisher doch immer an der Leine seines Großvaters und tat alles nur für Lowsis Ehre. Jetzt hatte er etwas für sich selbst getan. Lowsi war auf der anderen Seite der Erde, und zum ersten Mal in seinem Leben begann er sich stark und stolz zu fühlen.

»Kannst du auch so was wie Ziegelsteine mit der bloßen Hand durchhauen?«, rief ein Junge quer durch die Klasse.

»Ja, Tony, los!«, rief ein anderer.

Bald war es, als blickten alle nur auf ihn. Tony war richtig unangenehm zumute. Was sollte er nur machen? Natürlich *konnte* er solche Kunststücke, aber dergleichen machte man eben nicht vor – im Kung Fu!

»Los, Sizer kommt!«, rief einer der Jungen, und fast alle gingen zu ihren Plätzen. Ein paar Hartnäckige blieben erst stehen, um dann gemächlich zu ihren Plätzen zu schlurfen.

»Ich kann den Sizer nicht ausstehen, immer muss man erst aufstehen. Der denkt wohl, wir sind beim Militär«, meckerte Smithy und ließ sich auf seinen Stuhl fallen. »Aufstehen! Hinsetzen. Mund halten während des Unterrichts!«, äffte er den Lehrer nach und brachte die anderen zum Kichern.

»Was meint der wohl, wer er ist?«, setzte Michael Leary noch eins drauf. »He, Tony, wie wär's, wenn wir heute Abend, wenn er nach Hause geht, ein kleines Treffen arrangieren würden. Dann könntest du ihm so ein, zwei Sachen zeigen.« Tony lächelte, sagte aber nichts, als die Jungen so taten, als machten sie Kung-Fu-Tritte.

»Mein Vater sagt, wir brauchen ›Religion‹ in der Schule gar nicht«, mischte sich Jason Jones ein und zog einen langen Kaugummistrang aus dem Mund, den er unter den Tisch klebte. »Er sagt, davon kämen alle Kriege.«

In diesem Augenblick ging die Tür auf. Entgegen seinem Namen (der Name »Sizer« hat etwas mit Größe zu tun), war der Lehrer von kleiner Statur – aber er war voll da. Sofort standen alle auf, und niemand sagte auch nur einen einzigen Ton.

»Gut, meine Herren«, dröhnte Mr. Sizer. »Heute wollen wir die Zehn Gebote anschauen. Setzt euch!«

Tony atmete erleichtert auf. Mr. Sizer war gerade im richtigen Augenblick gekommen. Er war sehr streng und duldete keinerlei Frechheiten oder irgendwelchen Lärm, wie er in manchen anderen Klassen herrschte. Natürlich sagte Tony niemandem, dass er das schön fand, aber heimlich für sich genoss er die Stunden bei Mr. Sizer. Lowsi hatte ihm viel über die Weltreligionen beigebracht, und ihn hatten auch die Geschichten über die verschiedenen Götter und alles, was damit zusammenhing, sehr interessiert, obwohl Lowsi immer fest dabei blieb: »Es gibt keine Götter, als nur den einen in uns selbst.« Wie oft hatte er das gesagt!

Nie hatte Tony die Lehren seines Großvaters infrage gestellt, doch die Geschichten von Mr. Sizer gefielen ihm, besonders die aus der Bibel. Einige konnte man ja fast nicht glauben – aber immerhin war stets etwas los. Vielleicht würde er eines Tages Mr. Sizer fragen, ob er ihm eine Bibel leihen könnte, um zu Hause darin zu lesen. Viel Zeit hatte er dazu im Augenblick allerdings nicht. Er besuchte noch die Sprachschule, und die Internationale Kung-Fu-Föderation (IKFF) hatte für ihn Übungsstunden in der örtlichen Kampfsport-Akademie arrangiert. Manchmal hatte er an Schwänzen gedacht, um nach der Schule so auf der Straße herumzuhängen wie die anderen Jungen. Aber dann fürchtete er, das könnte in der IKFF und – was weit schlimmer war – bei seinem Großvater bekannt werden.

* * *

Mr. Chang war der Leiter der Akademie. »Ah! Herzlich willkommen, Lo Fu Zai, ich habe schon viel über dich gehört.« Der kleine Chinese verbeugte sich vor Tony, wobei er aufgeregt von einem Fuß auf den anderen trat.

Tony lächelte unbehaglich und erwiderte die Verbeugung.

»Komm, ich zeig dir die Schule. Ich denke, meine Schüler werden dir gefallen.« Mr. Chang legte seinen Arm um Tonys Schultern und führte ihn in eine große Halle, in der etwa zehn Jungen Anfänger-Übungen machten.

»Kingsley, komm und begrüß Lo Fu Zai, den Schüler des Großmeisters Cheung Ling Soo«, sagte Mr. Chang und winkte einen der Lehrer heran. Kingsley war ein muskulöser Junge von dunkler Hautfarbe und nur ein wenig älter als Tony. Die Jungen verbeugten sich voreinander.

»Nenn mich bitte Tony«, sagte Tony, weil er sich ein wenig unsicher fühlte, aber Kingsley strahlte ihn an, wobei er seine weißen Zähne zeigte. Dann ergriff er Tonys Hand und schüttelte sie kräftig.

»Schön, dich zu treffen, guter Freund!«, sagte er, und Tony blieb nichts anderes übrig, als ebenfalls zu lächeln.

»Kingsley ist aus Jamaika«, sagte Mr. Chang.

»Er ist mein bester Schüler, und ich denke, dass ihr bald wirklich gute Freunde werdet.«

Tony mochte Mr. Chang sofort gern leiden, allerdings war er es aus der Welt des Kung Fu nicht gewöhnt, so freundlich und warmherzig empfangen zu werden. Mr. Chang war eine fröhliche Natur, und Tony machte unter Mr. Changs Ermutigungen und beständigem Lob seine Sache so gut er konnte. Da ging es ganz anders zu als bei den rauen Methoden seines Großvaters. Nach den Übungsstunden half er Kingsley bei der Ausbildung der jüngeren Schüler. Mit Kingsley verstand er sich sehr gut, und zum ersten Mal in seinem Leben hatte Tony jemanden, mit dem er reden konnte. Endlich hatte er einen wirklichen Freund.

Es dauerte auch nicht lange, bis Mr. Chang Tony bat, selbst an der Akademie Unterricht zu erteilen. Das hatte etwas, wenn man sein eigenes Geld verdiente – auch wenn er es nie behalten durfte. Jeden Abend hielt seine Mutter eiskalt die Hand ausgestreckt, und Tony lieferte ihr pflichtschuldig seinen Verdienst aus. Er ärgerte sich nicht einmal sehr, weil er wusste, dass es immer an Geld fehlte, und er freute sich, dass er niemandem zur Last fiel, besonders wenn er an seinen Vater dachte, der an den Rollstuhl gefesselt war. Tony hatte erfahren, dass sein Vater an einer Krankheit litt, die ihn immer schwächer werden ließ. An manchen Tagen konnte er kaum aus dem Bett kommen. Wie oft saß Tony auf dem Flur vor dem Schlafzimmer seines Vaters und wäre gern hineingegangen, um mit ihm zu reden. Aber er wusste nie, was er hätte sagen sollen. *Wenn ich ihm doch irgendwie helfen könnte*, dachte er traurig.

Tony umfasste die Geldscheine und Münzen in seiner Tasche. Er empfand, dass er seinen Vater fast gar nicht kannte, doch hätte er gern jeden Cent, den er hatte, gegeben, wenn er ihm damit hätte helfen können, gesund zu werden. Er stellte sich vor, wie es wäre, wenn er früher mit ihm im Park hätte Fußball spielen können wie andere Jungen.

Tony hörte die Tür. Das war seine Mutter. Sie war wieder einmal einkaufen gegangen. Tony konnte es nicht begreifen. Obwohl sie so wenig Geld hatten, ließ sie sich dauernd von einem Taxi in Londons West End bringen, wo sie stundenlang die Geschäfte durchstöberte. Dafür machte sie sich jedes Mal fein, überhaupt sah Tony sie selten ohne leuchtend rot gefärbte Lippen und schwarz getuschte Augenbrauen. Manchmal kam sie mit vielen Tüten beladen nach Hause. »Manchmal muss man sich was gönnen«, pflegte sie dann zu sagen, und Tony wusste, dass sie sein Geld für weitere neue Kleider oder billigen Schmuck ausgegeben hatte, den sie nicht hatte liegen lassen können. Natürlich fiel ihm auch der Diebstahl im Supermarkt ein, und er fragte sich, was von all dem »Eingekauften« wohl bezahlt war.

Tony hörte, wie sie vergnügt vor sich hin summte. Als sie die Treppe hinaufzusteigen begann, fühlte er eine innere Spannung wachsen. *Es ist genauso, wie wenn Lowsi nach Hause kam*, dachte er. Wie oft hatte er entspannt und gemütlich bei Jowmo gesessen – bis Lowsi auftauchte. Natürlich hörte das vergnügte Summen seiner Mutter sofort auf, als sie ihn oben an der Treppe erblickte, und Tony schaute in die gleichen stahlharten Augen, von denen er wusste, dass sie ihn ein Leben lang verfolgen würden.

DIE SCHLÄGERBANDE

Tony sah dem Sommer mit gemischten Gefühlen entgegen, denn jedes Jahr fuhr er nach China zurück. In den ersten Jahren hatte er regelmäßig große Angst vor seinem Großvater gehabt. Er wusste, dass er wieder und wieder geschlagen werden würde. Aber irgendwie fühlte er sich dort zu Hause. Auch wusste er, dass Lowsi der Einzige war, der ihm wirklich noch etwas Neues beibringen konnte. Mr. Chang mochte ein Großmeister sein, aber Tony war ihm in mancher Beziehung schon weit überlegen.

Nachdem Tony die Schule absolviert hatte, arbeitete er vollzeitlich bei Mr. Chang. Die IKFF bezahlte für ihn die Reisen nach China und zu anderen Orten in Asien, wo Wettkämpfe stattfanden. Immer war auch Lowsi dort und wettete hohe Summen auf ihn, und Tony sorgte dafür, dass sich sein Meister niemals für ihn zu schämen hatte, indem er verlor.

»Bei diesen Wettbewerben mitzumachen, ist gut«, sagte Lowsi eines Tages, als sie auf einer langen Reise in die chinesische Provinz Jiangxi waren. »Aber der wahre Kung-Fu-Meister muss immer das Unvermutete vermuten.«

Das hatte Tony schon oft von seinem Großvater gehört, doch diesmal hatte er das Gefühl, sein Großvater habe eine bestimmte Prüfung im Auge.

Sie kamen nach Nanchang. Es wurde dunkel, aber die Luft war immer noch schwül und stickig. Lowsi hatte Tony tief in die Stadt hineingeführt, wo sich ein Labyrinth von engen Gassen durch die heruntergekommenen Armenviertel schlängelte. Überall roch es nach verdorbenem Reis und Fisch. Was sollte das hier? Wozu hatte Lowsi ihn hierhergebracht?

Es war unheimlich still, und Lowsi stand ganz nahe bei ihm und flüsterte beinah. »Nanchang ist berüchtigt wegen seiner Straßenbanden. Es ist ein gesetzloser Ort, wo mancher spurlos verschwunden ist. Da wird es Ärger geben, aber du bist Lo Fu Zai. Du weißt dich zu verteidigen.«

Tony musste schlucken. Sein Herz pochte heftig, aber auch eine Portion Wut kam in ihm hoch.

»Zieh dein Gewand aus!«, befahl Lowsi plötzlich.

»Wieso?« Gewöhnlich widersprach Tony seinem Großvater nicht, aber dieser Befehl traf ihn wie ein Schock. Gehorsam legte er bis auf die Hose alles ab. Was sollte das? Warum wollte Lowsi ihn dermaßen demütigen?

Es wurde noch schlimmer. Lowsi zog eine Rolle aus seinem Beutel und warf sie Tony zu.

»Zieh das an!«

Tony öffnete die Rolle und fand darin zwei Teile aus Stoff, die mit Fäden an beiden Seiten verbunden waren. Seine Augen glitten erschreckt über die chinesischen Zeichen darauf. Noch nie hatte er eine solche dreckige Sprache gelesen, solche Obszönitäten und Beleidigungen.

»Was soll das?«, fragte er. Ihm wurde beinahe schlecht.

»Du stellst mich schon wieder zur Rede?«, fragte Lowsi ärgerlich. Er riss Tony die Sachen aus der Hand und stülpte sie ihm grob über den Kopf. Sie bedeckten ihn wie ein Rock. Quer über seiner Brust konnte er lesen: »DEINE FAMILIE SOLL VERRECKEN!« – und er hatte schon gesehen, dass weit Schlimmeres auf seinem Rücken stand.

»Jetzt geh!«, kommandierte Lowsi und zeigte in die dunkelste der dunklen Gassen.

Tony begann zu schwitzen. Hier konnte er sein Leben verlieren. Das wusste er. Aber seinem Großvater zu widersprechen, wagte er nicht.

Krach! Tony sprang in Verteidigungsstellung, mit allen Sinnen gespannt starrte er in jede Ecke. Eine Blechdose rollte auf die Straße, gefolgt von einem mageren grauen Geschöpf. »Blöde Katze!«, murmelte er, und Erleichterung machte sich in ihm breit. Die Katze miaute ebenfalls missfällig und verschwand in der Dunkelheit.

Tony ging weiter, jetzt aber mutiger. Er hielt den Kopf hoch erhoben, aber alle Sinne waren hellwach. Eine alte Frau kratzte den Inhalt ihres Woks in die übel riechende Gosse. Als sie aufblickte, blieb ihr bei Tonys Anblick vor Schreck der Atem weg. In wilder Angst kehrte sie um, stolperte hastig in ihre Behausung und knallte schnell die Tür zu.

Tony hatte keine Zeit, sich zu schämen. Denn plötzlich erklang ein wildes Kriegsgeschrei. Drei, vier, fünf, sechs Kerle einer Straßenbande stürmten die Gasse herunter, und von links und rechts kamen immer mehr hinzu.

Eine Sekunde stand Tony wie versteinert. Dann schoss eine starke Ladung heißes Adrenalin durch seine Adern, und er eröffnete den Kampf, indem er in die Stellung des »kämpfenden Tigers« sprang, während die angreifende Bande auf ihn prallte.

Die Gasse war dunkel und eng. Das war gut – denn so konnte immer nur einer der Kämpfer Tony zur gleichen Zeit angreifen. Der erste drang mit einem rechten Haken auf Tony ein. Tony wandte sich sofort gegen ihn, wehrte den Hieb mit seinen Armen ab und versetzte ihm einen heftigen Tritt mit seinem rechten Fuß. Der Junge fiel stöhnend in die Gosse. Sofort war ein zweiter Angreifer da, der ihn mit einem so wilden Schrei ansprang, dass einem das Blut gerinnen konnte.

Tony erwartete den Schlag, der genau auf seinen Kopf zielte. Er duckte sich, flog herum, um der geballten Faust zu entgehen, und ließ den Angreifer mit einem Tritt in die Seite bewusstlos zu Boden stürzen.

Instinktiv gingen Tonys Beine wieder in Stellung, um den nächsten Angreifer abzufangen, der ihn auch sofort ansprang.

Plötzlich blitzte etwas auf. Ein Messer. Der hatte ein Messer! Tony erkannte sofort die Gefahr und ergriff den Arm des Banditen. Das Messer fiel zu Boden, und gleich darauf folgte der Kerl. Er heulte laut und griff nach seinem ausgekugelten Arm. Als er fiel, sprang Tony auf seinen Rücken, um so erhöht die nächsten zwei Angreifer zu erledigen. Das machte Tony wenig Mühe. Blitzschnell waren sie außer Gefecht gesetzt.

Die Banditen lagen stöhnend da und versuchten, sich auf dem Boden windend fortzubewegen, da erblickte Tony die letzten beiden Angreifer. Als diese sahen, wie es ihren Freunden ergangen war, zögerten sie mit dem Angriff.

»Los, kommt, damit ihr auch euer Teil kriegt!«, sagte Tony und grinste sie an.

Er machte einen Schritt vorwärts, die Tigertatzenhand vor dem Gesicht. Beide Männer hatten abgebrochene Flaschenhälse in den Händen. Als sie aber keinerlei Furcht in Tonys Gesicht erblickten, warfen sie die Flaschen nach ihm und rannten fluchend und Verwünschungen rufend die Gasse hinunter.

Die Verletzten flohen so schnell sie konnten hinter ihnen her und verschwanden in der Nacht.

Tony stand allein in der stillen Gasse. Selbst der Nachthimmel schien den Atem anzuhalten. Als sein Körper sich entspannte, brach der Schweiß auf seiner Stirn aus. Er lächelte still für sich. Keiner konnte dem »Kleinen Tiger« standhalten.

Jemand stand hinter ihm. Er fuhr herum, bereit zuzuschlagen.

Es war Lowsi. Die beiden standen einen Augenblick ruhig da und blickten sich an. Dann verneigte sich Tony vor seinem Meister, der ihm seine Kleidung zurückgab. Gesagt wurde nichts, aber Tony wusste, dass sein Großvater damit zufrieden war, wie er die Sache gemacht hatte. Er wusste, dass er den Respekt seines Großvaters erworben hatte. Das allein zählte.

DER ULTIMATIVE TEST

»Die Zeit ist gekommen, dich auf die allerletzte Prüfung vorzubereiten, mein junger Schüler«, sagte Lowsi zu Tony auf dem Heimweg. Bei dem Gedanken daran lief Tony ein Schauer über den Rücken.

»Meinst du den Tar Shui?«, fragte er ihn.

»Ja, Tar Shui, die Tunnelprüfung. Aber ich glaube, du bist jetzt so weit.« Tony musste ein wenig grinsen. Er hatte viel über diese Prüfung gehört. Es war diejenige, die alle Kung-Fu-Schüler ablegen mussten, bevor sie »Meister« in ihrer Kunst werden konnten. Wohin er auch kam in den Klöstern oder bei Wettkämpfen, immer wurde unter den anderen Jungen viel über den Tar Shui gemunkelt.

»Stimmt es, dass einige nie aus dem Tunnel herausgekommen sind?«, fragte er Lowsi.

»Das stimmt«, antwortete Lowsi düster. »Heraus kommen nur die, die es wert sind, diese Prüfung zu bestehen.«

Tony wusste, dass viele Angst vor dem Tar Shui hatten, er aber vertraute auf seine Fähigkeiten. Es wäre die endgültige Möglichkeit, die Achtung seines Großvaters zu erwerben.

»Lo Fu Zai, der Kung-Fu-Meister«, sagte er leise zu sich selbst. Das klang gut in seinen Ohren. Als Meister würde er nicht nur von seinem Großvater geehrt werden, sondern auch von allen anderen. Er erinnerte sich an den Angriff der Triaden-Jungen, als er noch klein war, er erinnerte sich an Steven Jenkins im fernen London, er dachte an alle, die ihn gehänselt und gequält hatten, so weit er zurückdenken konnte. Wenn sie ihn dann sehen könnten!

Tony arbeitete weiter hart an sich. Es war nicht mehr nötig, dass sein Großvater mit dem Rohrstock daneben stand. Jetzt hetzte er sich selbst durch lange und harte Übungseinheiten. Mindestens fünf Stunden täglich trainierte er ohne Unterbrechung, manchmal auch viel länger. Sein Ziel war der Tar Shui, und er erwartete sehnlich den Tag, an dem er die von allen gefürchtete Prüfung in dem Bergtunnel absolvieren konnte.

Plötzlich flog Tony herum. Er fühlte, dass ihn jemand beobachtete.

»Jowmo«, sagte er mit einem Lächeln. Die alte Frau hatte mit Fegen aufgehört und starrte bewundernd und stolz auf ihren Enkel.

»Ich sehe, dass du deine Übungen heute Morgen genießt, mein Sohn«, sagte sie liebevoll.

»Ja, Lowsi bereitet mich für den Tar Shui vor, und ich habe mir vorgenommen, mehr als je zuvor für diesen Tag zu arbeiten.«

Jowmo erschrak. Sie wusste um die Gefahren dieser ultimativen Prüfung.

»Mach dir keine Sorgen, Jowmo«, beruhigte Tony sie. »Ich bin Lo Fu Zai.« Dabei lachte er zuversichtlich.

Jowmo lächelte ebenfalls. War das wirklich der ängstliche kleine Junge, den Lowsi damals ins Haus brachte? Sie erinnerte sich daran, wie oft sie sich abgewandt hatte, weil sie wusste, dass Tony von seinem Meister schrecklich verprügelt wurde. Aber na ja, so lernte man eben Kung Fu. So verlangte es die althergebrachte Tradition, und nun war sie stolz auf den starken jungen Mann, der das Familienvermächtnis an die nächste Generation weitergeben würde.

Endlich kam der Tag. Tony und Lowsi machten sich auf den Weg in den fernen Norden, in die Provinz Shandong. Es dauerte drei Tage mit dem Zug und zu Fuß, und als sie den Anfang des heiligen Tai-Shan-Berges erreicht hatten, beschleunigte Tony seine Schritte, weil er so voller Erwartung war.

Er blickte zu den stahlgrauen Felsen und zu dem dunklen Höhleneingang auf. Lowsi starrte ihn bedeutungsvoll an, dann ging er, kein Wort fiel zwischen den beiden. Tonys Herz pochte wild. Langsam tastete er sich in die Finsternis hinein. Die Kälte des Berges verschlang ihn, wie ein riesiges Ungeheuer seine Beute frisst. Vor sich erblickte er brennende Fackeln, die ein schwaches Licht auf den Weg durch die Höhle warfen. Was war das? Auf dem Boden blinkte etwas. Sehr vorsichtig machte er einige Schritte vorwärts und versuchte angestrengt, etwas zu erkennen. Dann lächelte er, weil er die erste Probe erkannt hatte. Der Weg vor ihm war übersät mit gefährlichen Spitzen und zerbrochenem Glas.

Nichts Besonderes!, dachte er und erinnerte sich, wie oft sein Großvater ihn über spitze Nägel, heiße Kohlen und Ähnliches hatte gehen lassen. Die Haut seiner Füße war dermaßen hart und dick, dass es war, als trüge er Gummistiefel. *Hier muss man die Kranich-Technik anwenden*, entschied Tony. Er atmete tief durch und machte leichte, vogelähnliche Schritte, und so stelzte er so geschickt über das Glas, dass er kaum einen Kratzer verspürte.

Voller Befriedigung erwartete Tony die nächste Prüfung. Nur wenige Schritte weiter kam sie schon. Die Höhle hatte sich verengt, und ein Gebilde aus Holz versperrte den Weg. Tony blickte auf und schluckte. Mit einer Mischung aus Nervosität und Interesse erblickte er Hunderte scharfe Speerspitzen, die aus dem oberen Rand des Gebildes herunterstarrten. Als er das Ding genauer besah, stellte er fest, dass nur ein paar Bambusstäbe das Ganze stützten. Darunter lag ein Haufen anderer Bambusstäbe kreuz und quer durcheinander und ließ nur eine denkbar kleine Lücke frei. Tony wusste, dass er da hindurchzuklettern hatte. Doch wenn er nur ein wenig daranstieß, würde der ganze Apparat auf ihn fallen und ihn mit den vielen Speerspitzen durchbohren.

Jetzt wurde seine Gelenkigkeit und Körperbeherrschung geprüft. Schlangenbewegungen würden ihm helfen, sich hindurchzuwinden. In seinem Geist sah er die Pythonschlange, wie sie sich wendete und drehte und ihren Leib geräuschlos durch das Unterholz schob. Er besann sich seines Chi, schob sich Zentimeter für Zentimeter vorwärts und ließ seinen Körper hindurchgleiten, wobei er immer darauf achtete, dass er keinen der tragenden Bambusstäbe berührte. Jede einzelne Bewegung machte er sich bewusst, und so zirkelte er seinen Körper und jedes einzelne Glied hindurch, bis er schließlich am anderen Ende herauskam. Das war eine Erleichterung!

Die Luft war jetzt eisig kalt, und Tony zitterte im Licht der Fackeln.

Wieder verengte sich die Höhle, und schon bald erkannte er im Flackern mehrerer Flammen die nächste Probe: die Klinge. Dessen messerscharfe Kante warf winzige Lichtreflexe auf die Höhlenwände. Aber Tony begriff, dass dies nicht alles sein konnte. Natürlich nicht! Da! Der Boden und die Wände glänzten von Öl. Tony wusste: Die Wände würden tödlich glitschig sein. Die Höhle war an dieser Stelle so eng, dass an Ausweichen nicht zu denken war. Es blieb Tony daher nichts anderes übrig, als ohne irgendwelchen Schutz auf der Klinge entlangzugehen.

Das erforderte die übernatürliche Kraft des Chi. Diese Prüfung war mit normalen Menschenkräften nicht zu bewältigen. In vielen Jahren hatte Tony sich das Anrecht auf die Geheimnisse der Alten erworben, auf die Weise, wie man die Kraft und die Fähigkeit erlangte, über eine solche Klinge zu gehen, ohne sich zu schneiden oder sonst wie verletzt zu werden. Er schloss die Augen und meditierte, bevor er begann, auf der messerscharfen Klinge entlangzuschreiten …

Plötzlich wurde der Tunnel von einem lauten Bellen erfüllt. Ein sich wild gebärdender Hund kam auf Tony zugerannt. *Bloß nicht reagieren!*, sagte er sich sofort. Er wusste: Man hatte den Hund aufgehetzt, um Tonys Konzentration zu stören. Natürlich, da war eine dicke Kette, die den Hund kurz vor der Klinge zum Halten zwang. Tony blieb ganz ruhig und ging weiter, bis er vorsichtig wieder auf den Boden der Höhle trat. Der Hund bellte und knurrte, als Tony lächelnd an ihm vorbeiging.

Immer tiefer gelangte Tony in das geheimnisvolle Dunkel des Berges. *Wie viele Schüler hier wohl ihr Leben verloren haben?*, fragte er sich. *Wie viele sind wohl vor Angst verrückt geworden?* Tony wusste, dass sein Großvater am anderen Ende des Tunnels auf ihn warten würde. Er hatte viel über diese endgültige Prüfung gehört, die ihn zum Meister machen sollte. Tony überkam ein Schauer, eine Mischung aus Aufregung und Angst. Würde er bis zum anderen Ende durchhalten? Hinter sich hörte er das Geheul und das jämmerliche Gewinsel des wilden Hundes.

Ich bin Lo Fu Zai, sagte er sich. *Ich will unbesiegt bleiben.* Entschlossen ging er weiter und erwartete die nächste Probe.

Kurz darauf weitete sich die Höhle wieder. Bildete er sich das ein, oder wurde es wirklich heller? Tony atmete tief durch, als er sah, was vor ihm lag. Das würde alles von ihm fordern! Der Weg war völlig durch eine riesige Holzplatte versperrt, die auf einen Felsbrocken gebaut war. Er schluckte. Scheußliche Speerspitzen schauten überall aus dem Holz heraus, alle nur wenige Zentimeter voneinander entfernt. Was sollte er damit machen? Alles war dick und stabil gebaut. Als er näher hinsah, begann er zu schwitzen. Er erkannte, dass die ganze Konstruktion auf riesigen, metallbereiften Holzrädern stand. Das war der Schlüssel. Aber die Räder waren dick und schwer und sahen aus, als seien sie dort festgerostet. *Sie sind vielleicht niemals bewegt worden*, dachte er, als er sich die Stirn abwischte. *Aber irgendwie muss ich das Ding beiseiteschieben.*

Tony versuchte, für seine Hände einen festen Halt zu finden – aber die Speerspitzen standen zu dicht.

Er trat zurück und versank wieder in Meditation, indem er sich auf alles konzentrierte, was sein Großvater ihm in all den Jahren beigebracht hatte. Er wusste, dass er es schaffen konnte. Zuversichtlich setzte er die Hände auf die Speerspitzen und begann zu schieben. Die Spitzen hätten seine Hand eigentlich durchstechen müssen. Aber Lowsi hatte ihm besondere Techniken beigebracht, die den Schmerz betäubten. Er schob mit aller Kraft.

»Gib nicht auf! Gib nicht auf!«, sagte sich Tony vor, als er kurz Atem schöpfte. Dann stützte er sich wieder gegen die Speerspitzen und drückte weiter. Die ganze Konstruktion knarrte, begann sich aber zu bewegen. Dadurch angefeuert, presste er jetzt seinen Rücken gegen die Spitzen, doch da drangen sie in sein Fleisch ein. Tony ging rückwärts, schloss die Augen und stellte sich vor, dass sich das Ding bewegte. Immer noch mit geschlossenen Augen drückte er wieder mit seinen Händen auf die Speerspitzen, wobei er versuchte, sich mit aller Kraft zu konzentrieren.

Knarr, knarr, knarr! Das Gestell bewegte sich! Neuer Mut durchströmte seinen Körper, und wieder drückte er sich selbst mit letzter Anstrengung gegen das Gestell. Ja! Er fühlte, wie das Ganze erzitterte, als es endlich wie widerwillig den Weg freigab. Tony schob die Konstruktion gerade so weit beiseite, dass er wie eine Schlange hindurchschlüpfen konnte. An der anderen Seite ließ er einen Freudenschrei erschallen. Er hatte es geschafft!

Freu dich nicht zu früh!, sagte er sich aber. *Vor dir mögen noch schwerere Aufgaben liegen.* Er ging weiter. Ja, die Höhle wurde tatsächlich heller. Er näherte sich dem Ende. Was war das? Er bemerkte einen ätzenden Brandgeruch. Es war also wahr, was er über die abschließende Übung hatte munkeln hören. Würde er in der Lage sein, die Verbrennungen zu ertragen? Bald war Tony fast am Ausgang der Höhle angekommen. Da stand Lowsi, vom hellen Sonnenlicht umflossen, und erwartete ihn. Jetzt war noch die letzte Mut- und Kraftprobe zu erledigen: der glühende Kessel. Tony sah ihn nur kurz an, obwohl er wusste, was von ihm erwartet wurde. Der schwere Kessel mit leuchtenden Drachenfiguren ringsum war glühend rot.

Tony hob den Kopf und machte einen Schritt vorwärts, wobei er Lowsi direkt ins Gesicht blickte. Es war unbewegt wie immer. Tony erinnerte sich an all die Jahre, die er seinen Großvater gehasst hatte. Beim Blick in seine Augen dachte er an die vielen Prügel, an die Strafen und das grausame Training. Ja, er hasste ihn noch immer. Aber mehr noch hatte er einen tiefen ehrfurchtsvollen Respekt vor seinem Großvater. Die Lehre des Kung Fu verband sie miteinander. Jetzt teilte Tony mit ihm die Geheimnisse dieser uralten Kunst. Er war eins geworden mit dem Vermächtnis der Ahnen. Lowsis Worte erklangen in seinem Kopf: *Du bist Lo Fu Zai. Du bist unbesiegbar. Du wirst ein Meister sein.*

Tony zwang sich, die Augen zu schließen und alle Kraft zusammenzunehmen. Er fühlte seine Arme eiskalt und taub werden. Dann riss er seine Augen auf und blickte gerade vor sich hin, auf nichts gerichtet. Er legte die Unterarme um die glühend heißen Drachenfiguren. Sofort roch es nach verbranntem Haar und Fleisch – aber Tony fühlte nichts. Indem er alle Kräfte in den Beinen bis hin zu seinem Oberkörper zusammenraffte, hob er den mächtigen Kessel vom Boden auf. Etwas schwankend, aber doch sicher, brachte er ihn vorwärts, heraus aus der Höhle, bis er ihn direkt vor Lowsi auf den Boden setzte.

Tony schabte seine Arme von dem heißen Metall, aber er wendete keinen Blick von dem Gesicht seines Meisters. Da geschah etwas – es war so selten, dass Tony ganz überrascht dastand. Lowsi lächelte! Sein immer gleichförmiges Gesicht veränderte sich und lächelte, bevor er sich als Zeichen des Respekts verbeugte. Das Lächeln dauerte nicht lange, aber es bedeutete für Tony die allerhöchste Ehre. Als er an sich herabsah, konnte er große Blasen entstehen sehen, wo die heißen Drachenfiguren seine Arme verbrannt hatten. Das würde ihn für immer zeichnen.

Lo Fu Zai war nun Meister des Kung Fu geworden.

UNBESIEGT

Als Meister gehörte Tony unausgesprochen der Respekt aller anderen Kampfsportschüler. Er hatte sich auch in vielen Wettbewerben, bei denen es um viel Geld ging, als Meister erwiesen. Doch er behielt nichts für sich. Er wusste, dass etwas davon zu seinen Eltern nach London geschickt wurde, und jedes Mal, wenn er an die stahlharten, gierigen Augen seiner Mutter dachte, hasste er das Geld noch mehr. *Niemals will ich so werden wie sie*, dachte er dann immer.

Es ging Tony nicht darum, für Geld zu kämpfen. Aber »Ehre« bedeutete ihm alles, und besonders ging es ihm darum, Lowsis Anerkennung zu finden. Er schwor sich, niemals seinen Meister zu beschämen, indem er einen Kampf verlor – auch wenn er nie wusste, was Lowsi als Nächstes wieder mit ihm vorhatte.

In einem sengend heißen Sommer fuhren sie nach Karatschi in Pakistan. Tony wusste, dass dieser Besuch für seinen Großvater große Bedeutung hatte.

»Du hast mich schon einmal von Ashraf Tae sprechen hören«, sagte Lowsi, während der Zug durch eine ausgedörrte Gegend fuhr.

»Ja, Meister, ich weiß, dass er ein hoch angesehener Großmeister in Karatschi ist«, antwortete Tony. Lowsi schnaubte verächtlich und fuhr sich mit der Hand durch seinen spärlichen Bart.

»Ashraf und seine Schüler sind tatsächlich sehr bekannt – aber die ›sich windende Schlange‹ ist ein Betrüger.«

»Meister!?«, entfuhr es Tony nach Lowsis offensichtlicher Geringschätzung erschrocken und neugierig zugleich.

»Wir haben einige Jahre lang zusammen als Shaolin-Krieger in Nordchina trainiert«, erklärte Lowsi. »Ashraf war ein starker Kämpfer. Er beherrschte das Drachensystem, das der sich windenden Schlange und das des Affenkriegers.« Tony wusste, was damit gemeint war. Er selbst hatte diese Kung-Fu-Methoden ebenfalls erlernt.

»Hat er dich jemals besiegt, Meister?«, fragte Tony vorsichtig.

Lowsis Augen wurden eng. »Als junge Kämpfer waren wir uns ebenbürtig.« Dann kam eine lange Pause. Tony richtete einen fragenden Blick auf seinen Meister. Warum bestand zwischen diesen beiden Männern eine solche Rivalität? Er würde es wohl nie erfahren – denn er wusste, dass es besser war, seinen Großvater nicht allzu viel zu fragen.

»Die Geheimnisse der Kung-Fu-Kämpfer sollten nur von solchen bewahrt werden, die es wert sind«, sagte Lowsi nach einer Weile. Seine Stimme wurde ganz leise und hart, während er weitersprach. »Ashraf Tae hat seine Schule zu weit geöffnet. Er nimmt Bauernjungen aus der Umgegend auf und bildet sie nur oberflächlich aus. Das ist nicht die Weise des Kung Fu.«

Tony begann zu begreifen. Man hatte ihm beigebracht, dass die Lehre des Kung Fu heilig sei.

Gemäß den überlieferten Traditionen sollte sie an die folgenden Geschlechter nur über auserwählte, hervorragend erzogene und hoch trainierte Schüler weitergegeben werden. Das war die Ehre, die ihm, Tony, zuteilgeworden war. Nur er galt als der einzig wahre Schüler seines Großvaters, des Großmeisters Cheung Ling Soo. Lowsi übte auch mit einigen jungen Mönchen im örtlichen Kloster, aber die Fülle seiner Erkenntnisse und die wahren Geheimnisse der Kunst des Kung Fu hatte er nur Tony als seinem einzig Auserwählten mitgeteilt.

»Dann hat Großmeister Ashraf Schande auf die Lehre des Kung Fu gebracht, Meister?«

»Viele können's versuchen, aber wenige sind auserwählt«, war die verächtlich klingende Antwort. »Schau, Ashrafs Schüler kämpfen mit Wut und menschlicher Kraft. Aber es fehlt an Akkuratesse in ihren Bewegungen. Ihre Techniken lassen vieles zu wünschen übrig.«

Danach schloss Lowsi die Augen und vergrub sich in Meditation. Tony wusste, dass er über diese Sache nichts weiter zu hören bekommen würde. Auch er schloss die Augen, aber ein leichter Schauer der Neugier lief ihm über den Rücken. Er freute sich auf die Begegnung mit dem Großmeister Ashraf und seinen Schülern. Das würde ihm manche Gelegenheit geben, mit seinen Fähigkeiten zu glänzen – dessen war er sich ganz sicher.

* * *

Bei diesem Besuch zeigte Tony, was er konnte, und schlug Ashrafs sämtliche Schüler, sogar Ranni, den am besten ausgebildeten.

»Jetzt begreife ich«, sagte Tony zu seinem Großvater auf der Heimreise. »Ranni wusste gar nicht recht zu kämpfen. Seine Technik taugte nichts – er wollte alles nur mit Kraft erreichen, aber seine Bewegungen waren nicht sorgfältig ausgearbeitet.«

Lowsi nickte bejahend, und Tony lächelte. Endlich begann er zu verstehen, warum sein Großvater ihn in eine solch harte Schule genommen hatte. Sein Unterricht war rau, ja brutal gewesen, aber Tony verstand, dass darum sein Kung Fu auf solcher Höhe war, wie sie nur von wenigen Schüler jemals erreicht wird.

»Ashraf wird die Sache nicht auf sich beruhen lassen«, kündigte sein Großvater mit einem Augenzwinkern an. »Es wird wohl bald einen neuen Wettkampf geben.«

»Aber Meister, ich habe Ranni geschlagen. Wer sollte da noch sein?«

»Rannis Onkel ist Adnan. Er ist älter als du und hat länger trainiert. Ashraf wird uns sicher schon im nächsten Monat wieder nach Pakistan einladen, damit du gegen Adnan kämpfen kannst. Ashraf meint, seine Ehre auf diese Weise wiederherstellen zu können.«

Tony schluckte. War es fair, ihn gegen jemanden kämpfen zu lassen, der mehr Erfahrung hatte?

»Wie denkst du darüber, Meister?«

Lowsi antwortete nicht, doch Tony wusste, was er sagen würde.

* * *

Tony stieg in den Ring und hielt seine Augen fest auf seinen Meister gerichtet. In der Menge herrschte argwöhnisches Schweigen. Beim letzten Besuch war die Arena voller Zuschauer, die alle riefen und anfeuerten. Diesmal saßen nur wenige da. Tony erkannte einige von ihnen. Es waren Großmeister aus den verschiedenen Teilen Asiens. Dies war also ein privater Kampf »hinter verschlossenen Türen«. Sicher stand auch eine Menge Geld auf dem Spiel. Die Atmosphäre war wie unter elektrischer Spannung. Eine heiße Glut schoss durch Tonys Adern. Wenngleich er in letzter Zeit auch hart trainiert hatte – dieser Kampf würde äußerst hart werden.

Adnan betrat den Ring. Tony richtete die Augen auf seinen Gegner, der Tony ein gutes Stück überragte. Er trug den Rock eines Landarbeiters und hatte ein zerfurchtes, wettergebräuntes Gesicht. Tony erinnerte sich an den Rat seines Meisters: »Adnan bevorzugt Vogelsysteme. Er wird die Kranich-Technik anwenden, um deine Bewegungen abzufangen. Er wird wegschlüpfen und tanzen, doch dann musst du versuchen, ihn aus der Distanz hart zu treffen.«

In seinem Geist wurde Tony zum »kämpfenden Tiger«. Er wollte seine Körperkraft zum Zuschlagen benutzen und ihn mit weit ausholenden Hieben treffen.

Der Ringrichter brachte die beiden Kämpfer zusammen, und beide bezeugten ihm ihren Respekt. Tony erkannte in Adnans Augen nichts als finsterste Entschlossenheit. Sofort begann der Kampf. Tony griff forsch an und verfolgte Adnan. Zunächst schien es, als ob der Kranich flöge, so einfach gelang es ihm, den Schlägen und Griffen des Tigers zu entkommen. Sie bewegten sich im Ring hin und her, und die Luft schien zu knistern, während die Zuschauer den Atem anhielten. Tony legte all seine Kraft in seine mächtigen Schläge, aber er konnte sein Ziel nicht treffen. Der Kranich tanzte, schnappte und trat, und immer gelang es ihm zu entkommen. Tony wusste, dass er das nicht lange durchhalten würde. Er verpulverte seine Kraft und begann schon müde zu werden. Er griff weiterhin an, aber sein Verstand arbeitete fieberhaft. Was sollte er machen? Die Taktik ändern? Ja, es blieb ihm nichts anderes übrig.

Autsch! Tony konnte nichts mehr sehen.

Adnan hatte seine Chance erkannt. Er bemerkte Tonys Unsicherheit. Dessen letztem Faustschlag war er elegant ausgewichen, um gleich darauf mit den Fingern durch Tonys Gesicht zu fahren und dessen Augen zu treffen.

Tony rang darum, wieder sehen zu können – aber der Kranich nutzte sofort die Gelegenheit. Er stützte sich auf seine Hände und warf seine Beine in schnellem Bogen zwischen Tonys Beine. Tony fühlte, wie seine Beine bis in Brusthöhe emporgerissen wurden.

Krach! Als er auf den Boden aufschlug, krachte auch gleich das volle Gewicht des Bauernkämpfers auf seinen Körper. Immer noch konnte Tony nicht klar sehen, aber er merkte, wie sein Großvater von seinem Stuhl dicht neben dem Ring aufsprang.

Dies war nicht das Ende. Tony wollte nicht, dass sein Großvater entehrt wurde. Wenn nötig, würde er bis zum Tod weiterkämpfen.

Indem er die letzten Kraftreserven mobilisierte, kam er irgendwie hoch – aber der Kranich griff schon wieder an, und Tony hatte sich noch nicht wieder richtig gefasst. Sein Kopf flog herum, als Adnans Faust ihn herumwirbelte – ein, zwei, drei, vier Mal …

Nein, nein, nein!, sagte sich Tony. *Der Tiger ist der überlegene Kämpfer. So soll es nicht zu Ende gehen!*

Tony war benommen und konnte nur wenig sehen. Aber neue Entschlossenheit durchfuhr ihn. Adnan griff erneut an, aber mit letzter Kraftanstrengung bekam der mächtige Tiger plötzlich den Arm des Gegners zu packen. Tonys Griff war aus Stahl. Er drehte und drückte, und es war, als sei alle Arbeit, alles, was er in seinem Leben bisher erlitten hatte, um dieses Augenblicks willen geschehen. Fester, immer fester! Adnan stieß einen Schrei aus. Das hatte er nicht erwartet. Einen Augenblick hatte er nicht aufgepasst. Doch noch im Hinfallen griff er erneut an. Tony aber drehte Adnans Arm und brachte so den Kranich zu Boden. Wieder schrie Adnan auf. Er konnte sich einfach nicht von Tonys Griff befreien. Und der legte alles, was er noch hatte, in diesen Griff. Aus vollem Hals brüllte Adnan, als er zu Boden fiel: »Ich gebe auf! Ich gebe auf!«

Endlich vorbei!, sagte sich Tony und war restlos zufrieden. Er wandte sich um und verneigte sich. Seinem Meister gebührte die Ehre!

DER LEIBWÄCHTER

Als der Sommer vorüber war, kehrte Tony nach London zurück zu Mr. Changs Schule, wo er Kingsley all seine Erlebnisse aus Pakistan berichtete.

»Das klingt ja gemein!«, sagte Kingsley und sprang wie ein Hundebaby umher. So war Kingsley. Er brachte Tony immer zum Lächeln. »Das wird dir bei der IKFF wohl allerhand Pluspunkte einbringen!«

Die Internationale Kung-Fu-Föderation bezahlte Tonys Ausbildung in London und sponserte die Unkosten für die Reisen, wenn er irgendwo in der Welt Wettkämpfe bestritt.

»Na ja, es war ein Kampf ›hinter verschlossenen Türen‹«, sagte Tony. »Vielleicht werden sie überhaupt nichts davon erfahren.«

»Denkste! Sie beobachten jede deiner Bewegungen. Chang nimmt an, dass sie dich für die Weltmeisterschaft vorschlagen werden.«

»Ist das wahr?«

»Na, das wäre doch etwas, womit die IKFF groß rauskommen würde, oder?«

»Ja, ja, aber ich glaube ...«, sagte Tony ziemlich zurückhaltend. »Ich weiß nicht, was Lowsi dazu sagen würde. Er hält Wettkämpfe dieser Art für so etwas wie Angeberei. Das ist nicht ›die wahre Weise des Kung Fu‹. Viele Großmeister gehen nicht einmal hin zu solchen Veranstaltungen.«

»Sag ihm, er soll an die 10 000 Pfund Preisgeld denken!«, sagte Kingsley, stieß Tony freundschaftlich die Faust in die Rippen und flitzte dann in seinen nächsten Unterricht.

Tony dachte über diese Sache nach. Vielleicht hatte Kingsley ja recht. Er brauchte den blöden Wettkampf nicht, um zu zeigen, dass er der Beste war, aber all das Geld … Seine Gedanken wanderten hinüber zu seinen Eltern. Sie hatten nur wenig. Jetzt wohnten sie in einer Sozialwohnung im Nordwesten Londons. Er stellte sich vor, wie schwach und krank sein Vater war, nur fähig, sich im Rollstuhl zu bewegen – 10 000 Pfund, das wäre eine Menge Geld.

Natürlich würde ein großer Anteil davon für Lowsi in China abgezweigt werden – aber eine Menge bliebe doch übrig, die er seinen Eltern geben könnte. Es wäre eine wirkliche Hilfe für sie. Vielleicht sollte er sich doch dafür bewerben?

Wie Kingsley vorausgesagt hatte, war die IKFF sehr erfreut darüber, dass Tony sich für die Teilnahme an der Weltmeisterschaft entschieden hatte. Man hatte seinen Werdegang sowieso scharf beobachtet, und Tony wusste, dass sich ihm noch große Möglichkeiten eröffnen würden …

* * *

»He! Hier ist er ja, der amtierende Kung-Fu-Weltmeister!« Kingsley nahm Tony herzlich in die Arme, als sich die beiden Freunde begrüßten. »Ich habe gehört, dass es überhaupt kein Problem für den gewaltigen Lo Fu Zai gewesen ist«, sagte er und strahlte.

»Na, da hast du etwas Falsches gehört«, lachte Tony und stieß seinem Freund in die Rippen. Es war ein schwüler Regentag in London, als sie ihrem Lieblingsrestaurant in Chinatown zustrebten, wo Tony seinem Freund über die Weltmeisterschaftskämpfe berichtete.

»Alles ging in Ordnung bis zur letzten Runde, als ich gegen Li Chang Po aus Xi'an antreten sollte. Ich wusste, dass es schwer werden würde.«

»Hattest du früher schon mal gegen ihn gekämpft?«, fragte Kingsley mit vor Neugier weit offenen Augen.

»Na ja, einige Male – bei Tempelvorführungen. Er hat die Sache gut gelernt. Sein Meister ist der Großmeister Gwok Siu Fong.«

»Ich glaube, schon von ihm gehört zu haben.«

»Das wirst du bestimmt. Man achtet ihn sehr hoch. Er verfolgt dieselbe Richtung wie mein Großvater.«

»Dann habt ihr beide, du und Li Chang Po sicher vieles gemeinsam?«, fragte Kingsley, der so einiges über die grausamen Methoden erfahren hatte, denen Tony bei seiner Kung-Fu-Ausbildung unterzogen worden war.

»Ja, ja, ich glaub schon. Deswegen hatten wir auch voreinander tiefen Respekt. Es gilt als Ehre, gegen ihn zu kämpfen.«

»Und als Ehre, ihn zu besiegen!«, fügte Kingsley hinzu, während er die letzte Chilisauce mit einem

Stück Brötchen aufwischte. »Na, und wie lange wirst du in London bleiben?«

»Nicht lange. Ich bin nur für dieses Wochenende herübergekommen, um meine Eltern zu sehen – und dich natürlich«, sagte Tony und grinste.

»Du solltest am besten gleich bei Chang anrufen. Du fehlst ihm in seiner Schule.«

»Ich weiß, aber ich konnte doch der IKFF keinen Korb geben, oder doch? Sie haben mir nämlich gleich nach der Weltmeisterschaft in Thailand ein Angebot gemacht. So flog ich direkt von dort zum Hauptquartier in die Schweiz, um mit der neuen Arbeit anzufangen.«

»Los, erzähl!«, sagte Kingsley aufgeregt.

»Ich kann dir sagen, Genf ist wunderbar. Sie haben mir eine eigene Wohnung und ein Motorrad gegeben …«

»Und wie ist es mit der Bezahlung?«

»Besser als bei Chang! Aber mein Lieber, ich habe den Job meines Lebens. Die meiste Zeit des Tages verbringe ich in der Gymnastikhalle und bringe Männern und Frauen die Selbstverteidigung bei. Die meisten waren früher Soldaten, von denen die IKFF etliche für die Bewachung von Personen ausbilden möchte.«

»Du meinst ›Bodyguards‹?«

»Genau!«, sagte Tony. »Sie werden für alles Mögliche ausgebildet: Tretminen entschärfen, Sicherheitsfahrweise, Überlebenstraining, Waffenkunde, Geiselsituationen, Antiterrormaßnahmen, Nahkampf …«

»Und was musst du ihnen beibringen?«, unterbrach Kingsley ihn.

»Na, ich sorge dafür, dass sie die Leute schützen können, wenn sie in Nahkampfsituationen geraten und keine Schusswaffen haben.«

»Klingt aufregend!«, stieß Kingsley hervor. »Wette, du hast einige gute Leute gefunden, nicht wahr?«

»Ja, da ist Jean aus Kanada – das ist ein toller Bursche – und Sascha. Der kam aus der französischen Fremdenlegion und hat schon im Personenschutz gearbeitet. Er kann einige ganz hässliche Geschichten erzählen ... und Mohammed aus Indien. Sie haben alle schon was erlebt, aber, mein Lieber, sie feiern auch gern. Alle sind ans große Geld gewöhnt. Ich meine, ans *wirklich* große Geld. Sie beschützen einige der reichsten Leute der Welt. Da gibt es dauernd Partys, schnelle Autos, Luxusreisen und viele Mädchen.«

»Tatsächlich?«

»Aber ja doch!«

»Na, und du machst da auch mit?«

Tony schüttelte den Kopf. »Ich überlasse das ihnen. Ich muss für mein Training einen klaren Kopf behalten. Tag für Tag übe ich sieben bis acht Stunden lang, nachdem der Unterricht zu Ende ist.«

»Du wirst wohl nie anders!«, lachte Kingsley.

»Na ja, ich muss topfit bleiben. In Wirklichkeit möchte ich nämlich selbst einen solchen Posten als Personenschützer übernehmen. Verstehst du? Ich möchte aus der Gymnastikhalle raus und ein Bodyguard werden und dahin kommen, wo das Leben wirklich stattfindet.«

* * *

Schon bei seiner ersten Anstellung als qualifizierter Bodyguard hatte Tony eine hochkarätige Entführung in einer herrschaftlichen Residenz in der Schweiz zu vereiteln. Monatelang war er kaum mehr als ein Modeanhängsel und ein Babysitter für eine reiche Frau und ihr verwöhntes Kind. Das langweilte ihn und er hing frustriert in dem schlossähnlichen Gebäude herum und hatte fast nichts anderes zu tun, als sich das weinerliche Nörgeln des kleinen Jungen anzuhören. Als aber eine Bande das Haus erstürmen wollte, um das Kind zu entführen, hatte Tony endlich das, was er sich ersehnt hatte. Mit bloßen Händen hatte er die Möchtegern-Entführer entwaffnet und gefangen genommen. Für ihn war das kein Problem gewesen, und er hatte allen gezeigt, wie er mit einer solchen Situation umzugehen verstand.

Die Monate intensiver Vorbereitung hatten sich bezahlt gemacht. Er hatte fleißig geübt für das Kampftraining, die Überlebensstrategien, das beschützende Fahren, den Antiterrorismus, für den Umgang mit speziellen Waffen, alle möglichen speziellen Taktiken und vieles andere, was man gut gebrauchen konnte. Außerdem lernte er mit aller Kraft Fremdsprachen, Erste Hilfe bei Unfällen, internationales Strafrecht, Nachrichtenübertragung und noch vieles mehr, was schier endlose Kurse und Prüfungen bedeutete.

Doch bald war Tony für die gefährlichsten Aufträge einsatzbereit. Innerhalb weniger Jahre hatte er sich zu einem der bestausgebildeten Bodyguards der IKFF entwickelt – bereit, die mächtigsten Männer und Frauen der Welt zu beschützen.

William Black war ein New Yorker Geschäftsmann, der immer das Beste forderte – und auch bekam. Als Tony unterschrieb, seine »rechte Hand« zu sein, war ihm klar, dass da einiges auf ihn zukommen konnte. Black trat nicht so sehr in der Öffentlichkeit in Erscheinung, aber war in die höchsten Ränge eines viele Milliarden schweren Unternehmens aufgestiegen und hatte sich auf dem Weg nach oben einige zu Feinden gemacht. Tony hatte alle seine Bewegungen zu verfolgen. Wohin William ging, folgte ihm Tony – er organisierte sichere Reisen und sorgte ringsum für Sicherheit, wenn sie in einem Hotel abstiegen. Dabei inspizierte er sogar die Küchen der Restaurants, bevor sie aßen. Das ging alles eine Weile ganz gut. Black war in Amerika nur wenig bedroht, aber sobald er amerikanischen Boden verließ, war das Risiko weit höher.

Tony ärgerte sich. »Eine Woche, bloß eine Woche haben sie uns gegeben«, erzählte er seinem Kollegen Henry.

»Was? Noch eine Reise?«

»Ja, nach Saudi-Arabien. Und gefährlich ist die Sache außerdem. Wie kann man von uns erwarten, dass wir in so kurzer Zeit ohne genaue Anweisung alles in Ordnung bringen?«

»Hast du mit dem Büro gesprochen?«

»Was denkst du denn?«

»Die interessieren sich wie immer für gar nichts«, sagte Henry und nahm Tony den Reiseplan aus der Hand.

Tony mochte Henry gern. Er war Engländer, hatte aber sein Training bei den Gurkhas gemacht. Er war älter und größer als Tony und hatte schon viel erlebt. Tony wusste, dass er sich auf ihn ganz sicher verlassen konnte. Das war für diese Arbeit wichtig.

Tony und Henry arbeiteten bis spät in die Nacht hinein eine Gefahrenbewertung aus. Es sah nicht gut aus. Bei einem Geschäft war etwas total schiefgelaufen, und Blacks Leute schickten sie nun nach Saudi-Arabien, um zu versuchen, eine Änderung auszuhandeln und die Wogen zu glätten.

»Wir gehen wie die Hühner in den Fuchsbau«, sagte Henry. Dabei kippte er den Stuhl so weit nach hinten, dass seine Füße auf dem Tisch ruhen konnten.

»Jawoll!«, meinte Tony. »Das Ganze ist ein arabisches Familiengeschäft der berüchtigten Fahali-Brüder. Die sind gar nicht lustig.«

»Ich glaube, das hat alles mit Familienehre und Gesichtsverlust und so 'nem Quatsch zu tun«, sagte Henry.

»Davon kenn ich so einiges«, murmelte Tony. »Aber wir haben keine andere Wahl. Wenn er das von uns verlangt, werden wir den Fuchsbau zusammen mit ihm besuchen.«

»Am besten, wir telefonieren mal mit Sandra.«

»Klar«, sagte Tony und tippte schon die Nummer ein.

Sandra war ihre Kontaktperson in der Schweiz. Es schien, als wüsste sie über alles und jeden Bescheid. Tony wusste auch, dass er ihr trauen konnte und dass man bei ihr so sicher wie möglich war. Sie würde die Verbindungsstelle sein und die für ihre Reise unerlässlichen Informationen bündeln. Er behielt sie in der Telefonleitung, und die beiden Männer setzten ihre Planungen fort.

»In Ordnung«, sagte sie. »Ich werde einen genauen Stadtplan und eine Zeichnung von eurem Hotel besorgen. Da könnt ihr alle Haustüren finden, alle versteckten Gänge, Luftschächte, Fluchtrouten und was Leute wie ihr sonst noch wissen müssen. Wir haben schon einen regionalen Sicherheitsbeamten, Abdullah Alkaff, nach Saudi-Arabien geschickt. Der wird euch aufsuchen und euch bei den Reisen und auch sonst helfen.«

»Ich würde die Reisen lieber selbst regeln, Sandra«, sagte Tony vorsichtig.

»Na na, vertrau mir doch, dieser Bursche ist in Ordnung. Das überlass ruhig uns. Abdullah kann euch alles Notwendige besorgen.«

»Alles?«, fragte Henry und lachte.

»Alles, von einem Stück Torte bis zu einer Lenkrakete.«

Tony und Henry lächelten sich an, aber Tony fühlte sich immer noch unbehaglich, weil er mit einem Fremden zusammenarbeiten sollte.

»Du kannst dich auf ihn verlassen«, sagte Sandra noch einmal, weil sie Tonys Misstrauen spürte. »Er ist einer von uns. Ich werde euch ein Foto von ihm schicken, aber er ist ein Meister der Tarnung, so erwartet nicht, dass ihr ihn erkennen werdet.«

»Toll!«, sagte Tony. »Das wird ja immer besser!«

Die nächsten Tage waren mit Vorbereitungen angefüllt, und schon bald starteten sie zu ihrer dreitägigen Reise. Henry nutzte den gewöhnlich anstrengenden 12-Stunden-Flug gut aus, indem er sich richtig ausschlief. Tony konnte keine Ruhe finden. Irgendwie hatte er den Eindruck, dass die Sache nicht geheuer war. Als der Privatjet auf dem Flugplatz von Riad aufsetzte, waren alle Fasern seines Körpers aufs Äußerste gespannt. Normalerweise liebte er die Abenteuer seines Berufs. Hier waren aber zu viele Dinge, die er nicht in der Hand hatte. Das quälende Empfinden, die Sache würde schrecklich schiefgehen, konnte er nicht loswerden.

AUF DER FLUCHT

Wir sind wie wandernde Ziele mitten unter so vielen Leuten, die ganz anders aussehen, dachte Tony und spähte mit höchster Aufmerksamkeit nach jedem Zeichen einer Bedrohung. Sie wurden bei der Landung als VIPs (»sehr wichtige Persönlichkeiten«) behandelt und sollten durch den Eingang für Staatsgäste ins Flughafengebäude kommen. Aber Tony wurde immer nervöser, als er begriff, dass seine Gruppe dafür durch das Hauptgebäude des Terminals gehen musste, das vollgestopft mit Leuten war.

Tony ging voran, dann kam William Black, und Henry folgte dicht dahinter. William reiste mit zwei anderen amerikanischen Kollegen, aber für Tony und Henry kam es nur auf William an. Für ihn würden sie – wenn es sein musste – das Leben lassen.

»Bakschisch, Bakschisch!«, bettelte ein kleiner Mensch und versuchte Tony einen Koffer aus der Hand zu nehmen. Instinktiv schob Tony ihn hart zur Seite, sodass der Mensch in die Menge stürzte.

»Immer mit der Ruhe, Tony«, wies William ihn zurecht. Tony verwirrte es, dass sein Kunde so gelassen schien. Wusste der gar nicht, in welcher Gefahr sie sich vielleicht befanden?

»So machen die das eben«, fuhr William fort. »Wir wollen doch die Leute hier nicht gegen uns aufbringen.«

Tony hatte nicht vorgehabt, grob zu sein. Er kannte das mit der Almosen-Bettelei eigentlich und wusste, dass die Reichen dadurch den Bedürftigen etwas geben konnten, indem sie eine kleine Hilfe von ihnen annahmen. Aber jetzt war keine Zeit für kulturelle Höflichkeiten, heute jedenfalls nicht. Tony tat es leid, den Menschen beleidigt zu haben, aber er dachte nur immer an eins: William sicher in das wartende Auto zu bringen. »Los, keinesfalls stehen bleiben!«

Die Türen öffneten sich. Draußen standen zwei weiße Mercedes-Wagen. Tony kletterte auf den Rücksitz des einen, machte eine kurze Sicherheitsprüfung und gab William das Zeichen einzusteigen. Henry setzte sich zu ihnen, und die beiden anderen Amerikaner stiegen in den Wagen hinter ihnen.

»Mein lieber Mann!«, sagte Henry laut, als die Gesellschaft auf das Le Meridian Hotel zuschritt. Es war tatsächlich atemberaubend mit seinem Eingangsbereich aus glitzernd weißem Marmor, geschmückt mit goldenen Ornamenten.

»Da braucht man ja Sonnenbrillen bei all dem Gefunkel«, sagte William vergnügt. Tony ging voran zu der luxuriösen Penthouse-Wohnung. Die würde man ganz genau untersuchen müssen. Das war eine Arbeit, die Tony immer selbst übernahm. Höchstwahrscheinlich würde er heimliche Abhörgeräte finden, aber es könnten auch Sprengkörper versteckt worden sein.

Schließlich, nachdem Tony zufrieden war, brachten sie William in sein Appartement und

Henry übernahm die Nachtwache. Tony wusste, dass er unbedingt schlafen musste. Morgen würde ein langer Tag werden.

* * *

Tony hatte ein äußerst schlechtes Gefühl, wenn er an den Besuch am nächsten Tag dachte. Bevor sie die Gebrüder Fahali besuchten, arbeiteten Tony und Henry einen Plan aus. Sie mussten sicherstellen, dass William und Tony niemals voneinander getrennt würden. So sollte Tony sich als William Blacks persönlicher Assistent ausgeben. Henry war viel größer und sah gefährlicher aus, und die Araber würden in ihm viel eher als in Tony den Bodyguard vermuten.

Früh am nächsten Morgen wurden sie in den beiden Mercedes-Wagen in ein anderes Hotel gebracht. Die Fahrer folgten einer sorgfältig geplanten Route und erreichten ihr Ziel ohne Zwischenfälle.

»Dies ist ein sicheres Haus«, sagte einer der Brüder, nachdem sie die amerikanischen Gäste begrüßt hatten. »Sie können Ihren Bodyguard hierlassen. Er kann sich in der Eingangshalle aufhalten.« Tony folgte der Gesellschaft die Treppe hinauf in einen prächtig ausgestatteten Empfangsraum.

So weit lief alles nach Plan.

Man bot ihnen Getränke und delikate süße Pasteten an, eine Spezialität von dort. Zuerst waren alle höflich, doch die Unterhaltung wurde schnell immer erregter. Wiederholt sprang einer der Brüder zornig auf, wodurch er seine Leute in Alarmstellung versetzte. Tony beobachtete sie wie ein Falke, die Hand in der Tasche, um jeden Augenblick die Pistole zu ziehen. Er trug nicht gern Waffen. Ihm gefiel es weit besser, mit seinen Kung-Fu-Künsten die Situationen klären zu können, aber einige Arbeiten verlangten einfach eine Waffe. Und William hatte bei diesem Auftrag darauf bestanden.

William begann zu schwitzen. Die anderen beiden Amerikaner hatten Vorschläge zu einer gütlichen Einigung gemacht, aber sie mussten feststellen, dass die Sache übel ausgehen würde. Jetzt überließen sie das Gespräch William. Ihr neuerliches Verhandlungsangebot hatte die Araber offensichtlich tief beleidigt.

»Wie wagen Sie es, meine Familie so zu behandeln?«, knurrte der aggressivste von den Brüdern und donnerte mit der Faust auf den Tisch, wobei seine schweren Goldarmbänder auf dem blank polierten Marmor klirrten.

Tony nahm die Verzweiflung im Gesicht seines Chefs wahr. Es gab kein Entkommen. »Mr. Fahali, meine Herren, bitte«, fing William wieder an, »ich kann Ihnen versichern, dass mein Unternehmen die Situation in bester Absicht überprüft hat, aber leider …«

»Ihr Amis glaubt euren Kopf damit aus der Schlinge ziehen zu können«, unterbrach ihn einer der Araber und sprang in die Höhe. Sofort stand ein zweiter Mann neben ihm. »Dies ist nicht das Ende! Darauf könnt ihr Gift nehmen!«, schrie er.

Und damit fegte er aus dem Zimmer.

Einen Augenblick lang herrschte Schweigen. Tony ergriff unbemerkt die Pistole, die in seiner Jacke verborgen war. William saß verkrampft auf der Stuhlkante und versuchte zu überlegen, was nun zu tun sei. Schließlich unterbrach der andere Fahali-Bruder das Schweigen. Seine Stimme war kalt und feindselig.

»Einer muss für die Schmach büßen, die über unseren Namen gekommen ist.« Damit verließ auch er den Raum. Was nun?

»Lassen Sie uns gehen«, sagte Tony und half William, sich vom Stuhl zu erheben. Dann führte er ihn durch die Tür. Die beiden anderen Amerikaner folgten sofort. Jetzt war Tony äußerst nervös. Ob sie wohl heil hier herauskamen?

Tony war erleichtert, als er Henry erblickte. Offensichtlich hatte er gemerkt, dass die Gespräche zu nichts geführt hatten. Er wartete draußen bei dem weißen Mercedes. Doch als sie sich der Tür näherten, kamen sechs bullige Gestalten auf sie zu. Sie trugen dunkle Brillen und einheitliche Kleidung. Sollte Tony zuschlagen? Nein, noch nicht. Er trat näher an William heran und stieß ihn mit dem Ellenbogen voran auf Henry zu.

Zu Tonys Erleichterung ließen die Schwergewichte sie hindurchgehen. Aber sie standen gefährlich nahe bei Tony, als er William und seine Mannschaft in die Autos drängte. Tony überprüfte rasch den Fahrer. Ja, es war derselbe, der sie vom Flughafen abgeholt hatte, Abdullah. Er hoffte nur, dass Sandra recht damit hatte, dass man Abdullah trauen könne. Auf dem Beifahrersitz war noch ein anderer. Er stellte sich als Omar vor, er gehöre zu Abdullahs Mannschaft und sei der Übersetzer.

»Puh, das war eng!«, sagte William, als der Wagen losfuhr. Der Schweiß brach ihm nun aus allen Poren, und er versuchte, die Jacke auszuziehen. Da sah man die großen Schweißflecken auf seinem blauen Hemd.

»Wir haben's noch nicht geschafft«, sagte Tony, als er bemerkt hatte, dass die Männer mit den Sonnenbrillen in einen schwarzen BMW einstiegen.

»Na, gibt's Ärger?«, fragte Henry.

Henry und Tony konnten sich vieles ohne Worte, nur mit Blicken, sagen. Sie brauchten in Williams Gegenwart ihre Befürchtungen nicht auszusprechen.

Trotz Sandras Beteuerungen glaubte niemand so richtig den beiden vorne im Auto. Henry öffnete eine Klappe an den Rücksitzen, durch die er eine Schachtel mit Pistolen zu ziehen versuchte, die sie anfangs im Kofferraum versteckt hatten.

Tony beobachtete unentwegt den Fahrer vor ihm. Ihm gefiel es nicht, den Händen solcher Leute ausgeliefert zu sein. Währenddessen achtete Henry auf das, was hinter ihnen passierte.

Plötzlich fluchte Henry. Tony fuhr herum. Er war kaum überrascht. Der BMW hatte den weißen Mercedes überholt und sie so von den anderen zwei Amerikanern getrennt.

»Da haben wir's!«, murmelte Tony ärgerlich. Das wäre nie passiert, wenn er selbst die Fahrer hätte aussuchen können. Richtige Personenschützer haben gelernt, mit Höchstgeschwindigkeit und kleinstem Abstand hintereinander herzufahren, sodass sich kein Fahrzeug dazwischendrängeln und die Wagen voneinander trennen kann.

Tony hatte es schon lange befürchtet, doch nun war es Gewissheit: Sie würden Ärger bekommen. Mit Schrecken sah er, wie der BMW bremste und den anderen Mercedes zum Halten zwang. Die Schwarzbebrillten stiegen aus, gingen zurück zu dem Mercedes und schossen durch die Scheiben auf Williams Kollegen.

»Fahr schneller! Los, los!«, zischte Tony, ergriff seine Pistole und hielt sie dem Fahrer an den Kopf. Der war natürlich in höchster Angst und kreischte laut auf. Er rief zu Allah um Bewahrung. Er trat mit aller Gewalt auf den Gashebel, doch Augenblicke später hielt er plötzlich an. Tony drückte die Pistole noch heftiger an seinen Kopf und wiederholte seinen Befehl. Aber der Übersetzer war zu erschrocken, um zu sprechen. Plötzlich öffnete der Fahrer die Tür, schwang sich hinaus und schrie: »Allah! Allah!«, während er versuchte fortzukriechen.

Hatte er sie in eine Falle gelockt, oder war er unter der Nervenbelastung zusammengebrochen?

Tony wusste es nicht, es war ihm auch egal. Er warf sich auf William und drückte ihn hinter die Frontsitze, um ihn mit seinem Körper zu decken. Henry sprang auf den leeren Fahrersitz, legte einen Gang ein und sauste ab, so schnell er konnte.

Der schwarze BMW folgte nun in voller Fahrt.

Die staubigen Straßen wurden immer enger und

waren voller Menschen. Sie wussten nicht, wohin sie fuhren, aber offenbar hatten sie einen Markt erreicht. Da gab es Buden, Tiere und Menschen, wohin man sah. Tony sorgte dafür, dass man William nicht sehen konnte, und beobachtete dabei den Wagen hinter ihnen. Er war froh, dass Henry fuhr. Henry war für solche Situationen der Beste, den man sich denken konnte. Wenn einer sie hier herausbringen konnte, dann war es Henry. Der Wagen schwankte und drehte sich, und plötzlich war alles dunkel. Henry fluchte. Tony drehte sich um, um nach vorn zu blicken. Sie waren geradewegs in eine der Buden gesaust, und nun lag das wacklige Gebäude auf ihrer Windschutzscheibe.

»Haltet euch fest!«, rief Henry und fuhr blindlings drauflos. Tony hörte die Leute schreien, als sie auseinanderstoben und fortsprangen. Kurz darauf fiel das Budendach vom Auto, und sie konnten wieder sehen. Henry steuerte meisterhaft, vermied Zusammenstöße mit den Menschen, riss aber noch manche Bude um, wobei die exotischen Früchte hierhin und dorthin über die Straße flogen.

Wo befanden sie sich? Tony wandte sich Omar, dem Übersetzer, zu. Voller Furcht hatte Omar sein Gesicht in seinen Händen verborgen und führte wilde Selbstgespräche. Tony wurde ganz elend zumute. Das würde sicher nicht gut ausgehen.

»Omar, Omar, los, Mann, sag uns, wo wir sind!«

Der Kerl wimmerte nur.

»Omar, wir müssen hier raus. Los, denk nach! Bring uns in eine Botschaft – ob amerikanisch oder britisch, ist ganz egal. Aber tu was!«

Omar, wahnsinnig vor Angst, stotterte nur und rang voller Entsetzen die Hände. Tony drückte ihm die Pistole an den Kopf. Er schrie ganz laut.

»Hier, hier, links!«, stammelte er und fürchtete um sein Leben. Henry warf den Wagen nach links herüber, wobei eine dicke Staubwolke aufwirbelte. Sie waren in einer ganz engen Gasse.

»Nein, nein!«, jammerte Omar laut. »Nicht diese, nicht diese!«

Zurück ging's nicht mehr. Henry gab Vollgas.

»Jetzt rechts. Rechts!«, schrie Omar.

Der Wagen machte eine 90-Grad-Wendung, hinaus auf eine Hauptstraße. Tony atmete kurz erleichtert auf. Das sah schon besser aus. Aber dann …

Straßensperre!

SANDSTURM

Tony drückte seine Waffe noch heftiger gegen den Kopf des Mannes. Hatte er sie in eine Falle gelockt? Henry legte den Rückwärtsgang ein und wühlte sich zurück, dann wendete er ruckartig in eine andere enge, dunkle Gasse. Omar weinte laut vor Angst. Tony wusste, dass sie hier nirgendwo schnell wegkommen konnten. Die Seitenspiegel streiften fast die Vorderfronten der Häuser, aber Henry gab Gas. Plötzlich kamen sie in helles Tageslicht. Wieder eine Straße voller Leute und Fahrzeuge.

Tony blickte sich kurz um. Sie schienen den schwarzen BMW abgeschüttelt zu haben, der hinter ihnen her war.

»Halt mal kurz an«, wies er Henry an.

Der trat scharf auf die Bremse und war froh, eine kurze Atempause zu haben.

»Raus! Raus mit dir!«, schrie Tony Omar an. Voller Schreck riss der kleine Araber die Tür auf und ließ sich hinausfallen. Dabei bedeckte er seinen Kopf mit den Armen. *Der denkt, ich will ihn erschießen*, dachte Tony.

»Gut, fahren wir weiter!«, sagte er zu Henry und William. Dann, als wollte er seine Handlung erklären, murmelte er: »Er war uns gefährlich. Ich hab ihm nicht getraut.«

Die Männer fuhren weiter, bis sie schließlich in eine etwas offenere Straße gelangten. *Es wird aber nicht lange dauern, bis die Fahali-Leute uns aufgespürt haben,* dachte Tony, *und wir wissen nicht, wohin wir fahren sollen.*

»Wir müssen die Karre verstecken«, meinte Henry, als hätte er Tonys Gedanken gelesen. »Sie werden nach dem weißen Wagen suchen, und außerdem ist der Tank bald leer.«

»Wir müssen William so schnell wie möglich außer Landes bringen. Sie werden alle für uns möglichen Strecken gesperrt haben.«

»Ja, und was dann?«, fragte Henry.

»Also, ich trau dem Kerl Abdullah nicht, und damit sind auch alle Verbindungen zu den Saudis nichts wert. Es gibt in Jordanien einen sicheren Unterschlupf, aber wir sind mindestens 800 Kilometer davon entfernt.«

»Was ist mit Kuwait oder Bahrain?«

»Bahrain muss das nächste Land sein«, sagte Tony und versuchte sich eine Landkarte des Nahen Ostens vorzustellen. »Wenn wir dahin kommen, bin ich mir sicher, dass Sandra für uns Papiere besorgt, mit denen wir zurück in die USA kommen können.«

Tony lehnte sich ein wenig zurück und überlegte, wie weit sie wohl zu Fuß kommen würden. Er blickte auf William Black. Der war ein fast fünfzig Jahre alter, hellhäutiger Mann mit blondem Haar und ein wenig zu viel Fett um die Hüfte. Er war auch ziemlich klein. Tony hatte immer gedacht, dass er ordentlich etwas vorstellte. Das kam aber nur durch das Geld und die Macht, die er hatte. Nun sah er ziemlich jämmerlich aus. *Wie lange würde der das in der Wüste aushalten?,* fragte sich Tony. Dann überprüfte er die Vorräte. Vier kleine Flaschen Mineralwasser und einige Schokoladentafeln. Damit kämen sie nicht weit, besonders in der Hitze der Wüste.

»Warum fährst du langsamer, Henry?« Tony wusste die Antwort schon. Tatsächlich, die Karre stotterte, und bald stand sie ganz.

Henry schlug vor Enttäuschung auf das Lenkrad ein. »Erste Regel bei Rettungsfahrten …«

»… immer volle Tanks«, beendete Tony den Satz für ihn. »Er kann nur halb voll gewesen sein, als wir losfuhren.«

»Wenn ich richtig vermute, ist dies die Hauptstraße nach Harad«, sagte Henry und dachte über das weitere Vorgehen nach.

Tony blickte nach links. Das Land war dort trocken und buschbewachsen. Rechts war nur Wüste, wie ein endlos weites goldenes Meer.

»Wie sicher bist du dir, Henry?«, fragte er.

»Nicht sehr, aber es wäre für uns das Beste. Wenn wir nach Harad kämen, könnten wir mit Sandra Kontakt aufnehmen.«

Die drei Männer schoben das Auto von der Straße. Die Straße war nur wenig befahren. Aber wenn dies die Hauptstraße nach Harad sein sollte, würde es nicht lange dauern, und die Fahali-Leute hätten ihre Spur entdeckt.

»Es ist unmöglich, es ganz zu verstecken«, seufzte William, als sie das Fahrzeug zwischen einiges Buschwerk schoben. Er ergriff eine Wasserflasche und begann sie schnell auszutrinken. Tony riss sie ihm aus der Hand.

»Seien Sie sparsam mit dem Wasser. Wir wissen nicht, wie lange wir hier draußen sein werden.« Trotzdem tat William ihm leid. Wie weit würde er marschieren können? Draußen, ohne Klimaanlage, war die Hitze zum Ersticken.

»Lasst uns von der Straße gehen«, sagte Henry und schritt voran. »Wir müssen uns nach Westen halten, dann wenden wir uns nordwärts, um parallel zur Straße zu bleiben. Bei jedem Motorengeräusch in Deckung gehen! Klar?«

»Na gut!«, brummte William missmutig, dabei machte er Knoten in sein Taschentuch, das ihm als Sonnenschutz dienen sollte.

Sie wanderten einige Stunden, und das Landschaftsbild schien sich zu verändern. Schließlich fanden sie einige größere Felsen und Büsche und ruhten kurze Zeit in deren Schatten aus. William litt sehr unter der Hitze, und Tony machte sich um ihn immer mehr Sorgen. Er wusste, dass sie in der Dunkelheit sicherer wandern konnten – aber er wusste ebenso, wie kalt es nachts in der Wüste wurde. Die starken Temperaturschwankungen waren sicher mehr, als William aushalten konnte.

Immer weiter ging's, bis sie schließlich einen Ort erreichten. William zitterte vor Kälte. Da war ein Ortsschild mit arabischen und englischen Buchstaben.

»Harad«, las Tony. »Gut gemacht, Alter«, sagte er und schlug Henry auf den Rücken.

Die Straßen waren still. Nur einige Gruppen von Männern standen herum, sie unterhielten sich und rauchten. Sofort verdrückten sie sich, als die

Fremden auftauchten. »Wie hilfsbereit!«, sagte William sarkastisch.

»Hier hinein!«, schlug Henry vor, als er ein Gebäude ausmachte, das wie eine Tankstelle aussah. William rannte auf einen Stand zu, an dem Wasser zu kaufen war, und riss eine Flasche auf. Der verwunderte Araber sprang von seinem Schlummer auf, aber Henry reichte ihm schnell einige Dollar-Noten. Das war eine große Freude für ihn. Er lächelte froh, und seine Augen glänzten, als er die Geldscheine emporhielt.

»Ich muss unbedingt telefonieren!«, sagte Tony, machte Zeichen mit den Händen und sprach abwechselnd Englisch und dazwischen einige arabische Brocken. Der Mensch starrte ihn an, tat aber nichts. Tony wurde ärgerlich. Er wusste, dass der Mann längst verstanden hatte. William kam dazu, noch immer mit der Flasche am Mund, und öffnete seine Brieftasche, dick voller Dollar-Scheine. Der Araber bekam gierige Blicke und holte ohne Zögern das Telefon hinter seiner Theke hervor und gab es Tony.

»Sandra, oh, es ist mir eine Erleichterung, deine Stimme zu hören.« Tony erzählte schnell, was passiert war.

»Keine Sorge! Ihr seid etwa 90 Kilometer von unserem sicheren Haus in Bahrain entfernt. Haltet euch Richtung Osten. Ich werde euch falsche Pässe besorgen, damit ihr herauskommt.«

Sandra informierte Tony noch über den Ort, als ein bekannter schwarzer BMW auf dem Vorplatz vorfuhr. Henry schnappte sich William und stieß ihn durch die Hintertür hinaus. Tony ließ das Telefon fallen und rannte hinterher, wobei er schrie, sie sollten so schnell laufen, wie sie konnten.

Sie flohen durch die engen Gassen von Harad.

Da hörten sie eilige Schritte hinter sich – und Geschrei, Dann plötzlich ein Schuss! Die Kugel prallte von einer Hauswand ab, dicht über Tonys Kopf.

»Nimm William und lauft, schaut euch nicht um!«, rief Henry und schob Tony voran. Er drehte sich um und schoss mit seinen zwei Pistolen zurück.

Da blieb keine Zeit zum Nachdenken. Tony schob William in eine enge Gasse.

»Wir sind verloren!«, keuchte William.

»Noch nicht. Laufen Sie weiter!«, schnauzte Tony.

Noch mehr Schießerei. Henry hielt die anderen auf. Plötzlich ein einzelner Schuss und ein Schrei, der das Blut erstarren ließ. War das Henry?

Tony und William waren nicht stehen geblieben. Hier versagte Tonys ganzes Training. Es gab nichts, was er für Henry hätte tun können. Seine Aufgabe war, William Black zu beschützen – koste es, was es wolle. Er musste seinen Freund im Stich lassen.

Die beiden liefen immer weiter, brachen durch Einfahrten und verborgene Hinterhöfe, erstiegen Mauern und verloren sich immer weiter in dieser labyrinthartigen Stadt.

»Anhalten! Ich muss anhalten«, stöhnte William. Selbst in der tiefen Dämmerung konnte Tony erkennen, dass Williams Gesicht fast blutrot war vor Anstrengung. Er schlug sich auf die Brust. »Ich kann nicht weiter, mein Lieber. Ich bin am Ende. Wenn mich die Mörder nicht kriegen, dann der Herzinfarkt.«

Sie befanden sich in einem Privatgarten. Tony bemerkte, dass eine Wand ganz mit Weinlaub bedeckt war. »Hier«, sagte er und schob William tief hinein, bis beide ganz versteckt waren.

Sie schienen die Verfolger los zu sein, aber Tony wusste, dass es nur eine Frage der Zeit war. Man würde vermuten, dass sie sich in der Stadt versteckt hielten, und er hatte das Gefühl, hier keine Freunde zu finden. Es gab also keinen sicheren Ort. Wenn sie hier bis zum Morgengrauen blieben, würde man sie schnell entdecken. Vielleicht sollten sie in die Wüste hinausrennen? Die Häscher würden das nicht vermuten. Aber konnte er das wagen? Wie weit hätten sie zu laufen? Die Richtung konnte er von den Sternen ablesen, aber er hatte keine Ahnung, wie lang der Fußmarsch dauern würde.

Schnell wurde ihm klar, dass er keine Wahl hatte. Ein riesiger Kerl betrat den Garten. Offenbar hatte er etwas hinter dem Haus vernommen. Tony lauschte gespannt. Waren sie hinter dem Weinlaub gut genug versteckt? William keuchte immer noch heftig. Tony atmete nicht. Doch genau da musste William stöhnen, und sofort riss der Araber das Weinlaub fort. Einen Augenblick war er sprachlos. Die Männer starrten sich nur an, und Tony legte den Finger auf die Lippen. Er bat mit Blicken, der Mensch möge still bleiben.

Doch stattdessen brach ein wildes Chaos aus. Der Mann schrie so laut, dass seine Nachbarn aus ihren Häusern liefen. Tony und William saßen in der Falle. Tony wandte seine Kung-Fu-Künste an, um von dem Menschen freizukommen, doch nun wimmelte es von Leuten. Nur Minuten würde es dauern, bis auch die Mörder zur Stelle wären. Tony riss die Pistole heraus und feuerte in die Luft. Die Menschen liefen in alle Richtungen auseinander.

Dann schleifte er William mit sich fort, durch die Einfahrt, durch die Gassen und Straßen, bis er schließlich den Anfang der Wüste erkannte.

»O nein!«, keuchte William. Dann, als er begriff, dass es in den schrecklichen Sand gehen sollte, stöhnte er: »Das können wir nicht!«

»Hier lang«, flüsterte Tony. »Oder haben Sie einen besseren Plan?«, fügte er noch hinzu und schob seinen Chef voran.

Sie rannten, stolperten und krochen wohl eine Stunde lang, bis Tony sich sicher war, dass niemand ihnen folgte. Der Sand hielt ihre Füße fest, er saugte ihre Sohlen an, und sie stöhnten und schnauften den ganzen Weg durch die trockenkalte Nachtluft. Aber der Plan gelang.

»Jetzt durchkämmen sie sicher schon das ganze Dorf nach uns«, sagte Tony und versuchte William aufzumuntern. »Wenn sie merken, dass wir nicht dort sind, werden sie uns sicher verfolgen, aber sie können uns nicht mit einem Auto in der Wüste nachjagen.«

»Wie weit ist es bis Bahrain?«

»Das möchten Sie sicher gar nicht wissen.«

Die Männer gingen schweigend so schnell es irgend möglich war. Tony wollte nicht zugeben, wie wenig Hoffnung er hatte. Er wusste, dass die Mörder nicht so leicht aufgeben würden. *Bald werden sie unsere Spur wieder gefunden haben*, dachte er besorgt.

* * *

»Still!« Tony meinte, etwas gehört zu haben.

»Sind sie's?«, fragte William mit vor Angst bebender Stimme. Sie wandten sich um und ließen ihre Blicke weit zurück über ihre Spur gleiten. Da, in der Ferne war etwas. »Wie weit sind sie noch weg?«

»Das kann man von hier aus nicht sagen«, antwortete Tony. Er fürchtete, ein Sandsturm könnte sich zusammenbrauen. Der Wind fegte schon den Sand empor, sodass er wie Nadeln ins Gesicht stach und sie kaum noch die Augen offen halten konnten. Der Sturm würde wenigstens ihre Spuren verwischen, aber ob sie genügend Kilometer zurücklegten, bevor das Tageslicht anbrach und sie vor Erschöpfung nicht mehr weiterkonnten? Er bezweifelte es.

Doch tatsächlich! Die Stimmen von Arabern wurden lauter. Machte das der Wind? Die Mörder mussten schon näher sein, als er zunächst geglaubt hatte. Tony zermarterte sein Gehirn, um einen Plan zu entwerfen, da erreichten sie den Kamm einer Sanddüne.

William blieb stehen: »Schau mal!«

Tony strengte sich an, um in der Dunkelheit

etwas Genaues zu erkennen. Da gab es Lagerfeuer, viele sogar. Tony erkannte die Silhouetten von Zelten und Tieren.

»Beduinen!«, sagte er.

»Was ist das?«, fragte William.

»Wüstenbewohner. Los, Kommen Sie, das ist unsere einzige Chance!«

Tony hatte einiges über solche Nomaden gelesen, die durch die Wüste ziehen. Er hoffte, sie würden ihnen Schutz gewähren. Außerdem hatten sie gar keine andere Möglichkeit. Sie begannen, die Düne hinabzusteigen, auf das Lager zu.

ENTKOMMEN!

»Es ist ein bisschen zu spät, um noch draußen in der Wüste zu sein, meine Herren.«

Tony und William konnten ihren Schreck nicht verbergen. Die Stimme gehörte einem großen jungen Beduinen. Er wandte sich von den Kamelen, um die er sich kümmerte, weg und grüßte sie mit einem breiten, freundlichen Lächeln. Sie hatten niemanden erwartet, der Englisch mit ihnen redete.

»Was bedrückt Sie, meine Herren?«, fragte er, immer noch grinsend, als er die beiden armseligen und todmüden Gestalten von oben bis unten betrachtete.

»Wir sind in Schwierigkeiten«, begann Tony und versuchte, seine Stimme nicht aufgeregt erscheinen zu lassen. »Da sind Leute, die uns ermorden wollen.«

»Wieso, was habt ihr verbrochen?«

»Wir haben kein Unrecht begangen«, fing Tony wieder an. Er wollte dem jungen Mann nicht mehr erzählen und war erleichtert, als dieser seine Hand erhob, um anzudeuten, dass er keine weiteren Informationen verlangte.

»Kommt«, sagte er. »Ihr seht in meinen Augen harmlos aus.« Tony blickte noch einmal ängstlich zurück in die Wüste, doch ließ er sich von dem Mann in eines der großen Zelte leiten. »Heute Abend werdet ihr bei uns essen, trinken und ausruhen.«

Tony und William waren ganz erschöpft und dankbar für das Brot, den Ziegenkäse, den Honig und die pfeffrigen Linsen, die ihnen vorgesetzt wurden. William schlief danach sofort ein, eingewickelt in breite Schaffellteppiche.

Tony starrte ins Feuer und dachte an seinen Freund Henry. Er hatte gar nichts für dessen Rettung tun können. Henry war in der Ausübung seines Berufs zu Tode gekommen. Jeder in diesem Gewerbe wusste um die großen Gefahren – aber es ist immer schlimm, einen guten Freund zu verlieren.

»Gutes Essen?« Der junge Mann kam und setzte sich neben Tony. Er stellte sich als Hashanni vor und freute sich offensichtlich über einen Gast, mit dem er Englisch sprechen konnte. Er sprach fließend, allerdings mit einem starken Akzent. Er redete unaufhörlich, während Tonys Augenlider schwerer und schwerer wurden. Er wollte mit aller Macht wach bleiben, um seinen Gastgeber nicht zu beleidigen, war dann aber doch heilfroh, als Hashanni ihm schließlich eine Decke reichte.

»Jetzt ruh aus«, sagte er ihm. »Wir werden uns morgen weiter unterhalten.«

Hashanni erhob sich, doch dann kam er zu Tonys Verwunderung noch einmal ganz nahe an ihn heran. »Du hast mir gesagt, dass du in irgendeinem Schlamassel steckst«, sagte er deutlich, wenn auch ganz leise. »Drei Tage kannst du hierbleiben. Meine Leute werden dich beschützen und keine Fragen stellen.«

»Danke …«, begann Tony, aber Hashanni hob die Hand, um ihm Schweigen zu gebieten.

»Nach drei Tagen werdet ihr uns eure Geschichte erzählen ... oder ihr werdet uns verlassen ...« Er hielt inne. » ... Oder wir werden euch umbringen. So ist die Regel bei den Beduinen.« Hashanni lächelte, während er das sagte – aber Tony hatte den Eindruck, dass Hashanni es todernst meinte.

»Ich danke dir für deine Gastfreundschaft«, sagte Tony und verbeugte sich.

Hashanni lachte laut los und klatschte vor Vergnügen in die Hände.

Zu seiner eigenen Verwunderung schlief Tony in dieser Nacht ganz ruhig.

* * *

Am nächsten Tag hielten sich William und Tony nahe bei Hashanni auf. Tony nahm an, dass in dem Beduinenlager sonst niemand Englisch verstand. Die Leute zeigten auch kein besonderes Interesse an den Fremden. Hashanni vertrieb sich die Zeit mit dem Hüten der Kamele, die Tony argwöhnisch betrachteten. Während seines Kung-Fu-Trainings hatte er sich mit vielen Tieren beschäftigt, aber Kamele blieben ihm ein Geheimnis. Sie hatten etwas an sich, was Tony sehr missfiel.

»Sie haben es auf dich abgesehen«, spottete William, als die beiden zusahen, wie Hashanni Futterbeutel vorbereitete, die den Tieren vor die Nase gebunden wurden.

»Was tut ihr überhaupt da hinein?«, fragte Tony

und griff in einen der Beutel. Bevor er sich's versah, sprang eines der Biester auf ihn zu, spuckte und grunzte.

»He, hau ab, ... abhauen sollst du!«, schrie Tony, als das Vieh anfing, nach ihm zu schnappen, und versuchte, ihn zu beißen. Tony trat zurück, aber das Kamel zeigte, dass es Ernst machen wollte. Tony drehte sich um und lief weg. Das Kamel folgte in voller Fahrt.

»Mach irgendwas!«, schrie Tony zu Hashanni hinüber. Aber alles, was er hören konnte, war das schallende Gelächter von William und dem jungen Beduinen. Sogar andere Stammesgenossen ließen ihre Arbeiten ruhen und mussten über diese »Vorführung« lachen.

Tony rannte auf das nächste Zelt zu und verschwand darin. Draußen konnte er das Kamel knurren und mit den Hufen stampfen hören. Es wartete nur darauf, dass er herauskam.

»Alles in Ordnung, mein Freund!« Es war Hashanni. »Du kannst jetzt herauskommen. Das Tier dachte, du wolltest ihm sein Futter stehlen.«

Vorsichtig steckte Tony den Kopf aus dem Zelt. Das Kamel war ganz in der Nähe angebunden und trug den Futterbeutel über der Nase. Es erblickte Tony und hörte auf zu fressen. Voller Empörung knurrte es wieder ganz gefährlich.

William trat zu ihnen und wischte sich die Lachtränen vom Gesicht. Er schien eine völlig andere Person zu sein als der verschüchterte Flüchtling von gestern Abend.

»Tatsächlich, sehr lustig!«, sagte Tony sarkastisch. Es gefiel ihm gar nicht, öffentlich ausgelacht zu werden.

»Na, Tony, sei kein Spaßverderber. Du solltest die lustige Seite der Angelegenheit betrachten«, sagte William, dann bog er sich wieder vor Lachen.

Hashanni klopfte Tony auf den Rücken. »Ärger dich nicht, mein Freund. Heute Nachmittag will ich euch das Reiten beibringen.«

Tony lächelte nur schwach. Er hatte keine Lust, auf solch einem schrecklichen Vieh zu reiten, doch war ihm klar, dass sie nur auf diese Weise wieder aus der Wüste herauskamen.

* * *

Tony und William blieben zwei Tage bei den Beduinen, um sich ein wenig mehr auszuruhen.

»Du erinnerst mich an Lawrence von Arabien«, lachte William, als er zusah, wie Hashanni Tony beim Besteigen des feindselig blickenden Kamels half.

»An wen?«, fragte Tony. Er hatte eine Menge Stolz herunterschlucken müssen, sich dem Tier auch nur zu nähern, denn er traute ihm überhaupt nicht. Das Gefühl beruhte offensichtlich auf Gegenseitigkeit. Das Kamel schnaubte hochmütig und weigerte sich zu gehen, als Tony versuchte, es dazu zu bewegen. Er machte die fremdartigen Kehlkopflaute nach, die er von Hashanni gelernt hatte, und ließ die Zügel auf den Hals klatschen, aber das Kamel bohrte dickköpfig die Hufe in den Sand.

»Das Vieh will mit dir Anfänger überhaupt nichts zu tun haben«, lachte William. Doch bevor Tony antworten konnte, schlug Hashanni auf die Flanke des Kamels, das daraufhin mit einem furiosen Galopp davonpreschte, sodass Tony sich mit aller Kraft kaum festhalten konnte.

Tony war beeindruckt von den Beduinen. Sie waren ruhig und sehr religiös. Sie dankten Allah für jede Mahlzeit und hielten sich an das muslimische Gebot, fünfmal am Tag zu beten. In den Zelten staunte Tony, wie sich Männer, Frauen und Kinder ohne viele Worte die Arbeit einteilten und dabei kunstvolle und farbenfrohe Webarbeiten herstellten. »Wir werden diese und andere Erzeugnisse verkaufen, wenn wir demnächst wieder eine Stadt besuchen«, erklärte Hashanni ihnen und führte den Fremden sehr stolz die Kunstwerke seiner Stammesleute vor.

Hashanni war ein großartiger Gastgeber, aber Tony musste immer an die Dreitagesfrist denken. Er wollte nicht noch größere Schwierigkeiten erleben, sondern seinen Auftraggeber sobald wie möglich heil wieder nach Amerika bringen. Mit ein paar Hundert Dollar sicherten sie sich jeder ein Kamel, und dann ging es auf nach Katar.

»Wenn du dort bist, wird dir dieser Mann helfen, nach Bahrain zu kommen«, sagte ihnen Hashanni und steckte Tony ein Stück Papier mit Namen und Adresse des Bekannten in die Hand. »Sag ihm, Hashanni, der Beduine, hätte euch geschickt. Er wird für eure Sicherheit sorgen.«

»Vielen Dank!«, sagte William und übergab ihm

eine Rolle mit Dollar-Scheinen. »Wir haben Ihnen sehr viel zu verdanken.«

»Glückliche Reise, meine fremden Freunde.«

Tatsächlich dauerte es gar nicht lange, und Tony und William befanden sich auf einem voll besetzten Schiff, das nach Bahrain fuhr. Es war heiß und es stank, und viele Tiere drängten und drückten sich zwischen den Passagieren herum.

»Jetzt weiß ich, warum ich lieber fliege«, meinte William.

* * *

Sie nahmen Kontakt mit Sandra und dem Hauptquartier auf, und sie sorgte dafür, dass sie von einem Deutschen, Julian, vom Schiff abgeholt wurden.

Der hielt auch schon Briefumschläge in der Hand, die er beiden überreichte: »Neue Papiere«, sagte er dazu.

Tony sah sich seinen neuen Pass an und grinste. »Oh, dann bin ich also ab jetzt der Italiener Antonio Carreras.«

»Sie sprechen doch Italienisch, nicht wahr?«, fragte Julian.

»Na, wenigstens so viel, dass ich mir helfen kann. Ich bin Halbitaliener. Aber keine Sorge, wir halten unseren Mund, dann werden wir keine Probleme bekommen«, antwortete Tony.

»Das wird's Beste sein«, unterbrach ihn William, »denn ich spreche kein Wort Niederländisch.« Dabei zeigte er Tony seinen gefälschten Reisepass.

Tony lachte. »Walter Smit aus Holland. Das passt zu Ihnen!«

»Da drin stecken auch die Flugkarten«, sagte Julian. »Mit der bulgarischen Fluggesellschaft geht es zwar nicht direkt nach Hause, aber wir wollten nicht, dass Sie mit einer amerikanischen Maschine fliegen, weil diese von den Fahalis beschattet werden könnte.«

»Klar«, sagte Tony. »Ich weiß Bescheid.« Er wusste auch, dass es noch zu früh zum Feiern war, trotzdem stieß er einen Seufzer der Erleichterung aus, als sie von Bahrain abhoben. Erst am nächsten Tag gratulierte er sich leise, als sie auf dem John F. Kennedy Airport in New York zur Landung ansetzten.

William belohnte ihn fürstlich. »Dir verdanke ich mein Leben!«, gestand er ihm.

»Ich habe nur getan, wozu ich ausgebildet wurde, Sir.« Tony lächelte. »Trotzdem werde ich froh sein, wenn ich nie wieder etwas mit Saudi-Arabien zu tun bekomme.«

Wenige Tage später erhielt Tony die genauen Einzelheiten für seine nächste Arbeit zugeschickt. »Das darf nicht wahr sein!«, rief er laut und lachte ungläubig. Er sollte der oberste Bewacher von Amin Fahed, dem saudi-arabischen Botschafter für Großbritannien, Italien und Zypern werden!

ENDLICH LIEBE!

Tony reiste mit Amin Fahed überallhin. Dessen Regierung hatte sich den besten Bewacher für ihren Botschafter bestellt. Und Tony leitete eine Elite-Sicherheitstruppe von fünf Personen. Er genoss das luxuriöse Leben, während er mit Amin Fahed zwischen dessen Luxusresidenzen in London, Neapel und Limassol hin und her pendelte.

Tony bekam ein prächtiges Gehalt – aber er hatte gar keine Zeit, das Geld auszugeben. Er hatte auch gar nicht das Bedürfnis, die zu tun. Stattdessen schickte er einen großen Anteil des Geldes seinen Eltern, für die er eine komfortable Wohnung im Londoner Stadtteil Paddington erwarb. Zumindest seine Mutter genoss nun den Reichtum, von dem sie immer geträumt hatte. Tony freute sich, etwas für seine Eltern tun zu können – aber zu viel an sie denken mochte er auch nicht. Trotz seiner Großzügigkeit schien seine Mutter nie Wert darauf zu legen, ihn zu sehen. Sie war und blieb kalt. *Es kommt mir vor, als wüsste sie einfach nicht, wie sie sich mir gegenüber benehmen soll – und das nach so vielen Jahren!*, dachte er betrübt.

Schon sein ganzes Leben lang hatte er bestimmte Gedanken immer wieder absichtlich verdrängt. Es waren solche Gedanken wie: *Warum durfte ich nicht wie ein normales Kind aufwachsen? Warum waren meine Eltern so gefühllos? Womit hatte ich das verdient?* Manchmal quälten ihn diese Fragen sogar in seinen Träumen. Er durchlebte dann solche Szenen wie jene, als er schon im Alter von vier Jahren nach China geschickt wurde, wie sein Großvater ihn schrecklich verprügelte, wie seine Eltern ihn beinahe als Fremden behandelten, wie die Mitschüler ihn hänselten ... Dann wachte er oft mitten in der Nacht schweißgebadet auf und stöhnte. Gewöhnlich wischte er sich daraufhin den Schweiß ab und blickte in den Spiegel, um sich daran zu erinnern, wo und wer er eigentlich war.

Ich bin stark und erfolgreich. Mehr brauche ich nicht, sagte er sich dann selbst. *Ich bin Amin Faheds Erster Sicherheitsagent, und ich habe meine Arbeit zu machen.* Danach begann er gewöhnlich zu meditieren und die alten Kung-Fu-Übungen zu praktizieren. Ihm kamen dann oft der Tar Shui und der Tag in den Sinn, als er aus dem Tai-Shan-Berg auftauchte und stolz den glühenden Drachenkessel trug. Auch dachte er über seinen Großvater nach. Während er bei ihm war, hatte er ihn wegen seiner Grausamkeit gehasst, aber irgendwie ging es Tony auch sehr darum, ihm zu gefallen und seinen Respekt zu verdienen. Nur dann konnte er sich glücklich fühlen. Lowsis Worte klangen ihm stets in den Ohren: »Lo Fu Zai, bleib immer unbezwungen!«

* * *

»He, Gerry, wie geht's?« Tony begrüßte den jungen Chinesen mit einem warmen Händedruck. Er hatte nicht viele Freunde, doch wenn er in London war, hockte er oft mit Kingsley oder anderen früheren Schülern aus Mr. Changs Schule zusammen. Er hatte zwei Wochen Urlaub, während Amin Fahed in Saudi-Arabien war, und so wollte er seine Eltern besuchen.

Es war ein wunderschöner Sommertag, und Tony und sein Freund mieteten ein Boot, um auf einem See im Hyde Park zu rudern. Viele Leute genossen den Sonnenschein, und überall im Park sah man Hunderte von Studenten und Touristen. Gerry ruderte gemächlich, und Tony lag auf dem Rücken, schloss die Augen und ließ die Sonne sein Gesicht bescheinen.

»He, Tony, guck doch bloß mal!«, sagte Gerry und kicherte. Tony fuhr hoch, blinzelte wegen der hellen Sonne und sah dicht vor sich drei blonde Mädchen in einem Boot. Sie hatten eines ihrer Ruder verloren, und zwei von ihnen hingen an einer Seite über Bord, um es zu ergreifen. Gerry und Tony sahen sich das an. Die Mädchen kicherten und platschten so sehr herum, dass das Boot schaukelte und schwankte, während es rückwärtsfuhr – immer weiter von dem verlorenen Ruder fort.

»Braucht ihr Hilfe?«, rief Tony. Gerry ruderte schon auf die Mädchen zu.

»O, Ritter in glänzender Rüstung!«, rief eines der Mädchen aus, als sie längsseits aneinanderstießen. Tony wusste, dass er das Ruder leicht für sie holen konnte, aber es würde viel mehr Spaß machen, die Mädchen selbst zu »retten«.

»Da ist leider nichts zu machen«, lachte er, während das Ruder weiter fortschwamm. »Es gibt nur die Möglichkeit, dass ihr in unser Boot steigt und wir euch an Land bringen.«

Die Mädchen kicherten weiter und besprachen sich dann eilig, bevor sie auf das Angebot eingingen. Erst stellten sie sich vor. »Ich bin Leah«, sagte das größte Mädchen, »und dies sind meine Schwestern Lena und Aiya. Wir sind aus Schweden.«

Gerry stellte sich und Tony vor, als dieser gerade Leahs Hand ergriff, um ihr ins Boot zu helfen. Beide Schiffe schaukelten gefährlich, als Leah unter Gelächter an Bord kam. Sobald sie sich sicher fühlte, drehte sich Leah um und streckte die Hand nach ihrer Schwester aus. »Aiya, streck die Hand aus, hier ist meine Hand!«

Tony betrachtete das jüngere Mädchen, als es gerade ins Boot kriechen wollte und sich dabei ängstlich an die Bootswand klammerte. Er sah, dass auch die andere Schwester, Lena, ihr half, als könnte sie es nicht allein schaffen. Dann wurde ihm klar: *Die ist blind!*

Das Mädchen erhob sich und lehnte sich an Leah, doch als das Boot schaukelte, stolperte Leah mit einem Aufschrei rückwärts und landete auf Gerry. Als Aiya Leahs Hand nicht mehr fühlte, begann sie zu schwanken. Doch gerade noch rechtzeitig bekam Tony sie an der Hüfte zu fassen, hob sie aus ihrem Boot und setzte sie vorsichtig in seines. Einen Augenblick hielt er sie noch fest, bis er sich sicher war, dass sie ihr Gleichgewicht halten konnte. Mit seinem Gesicht ganz nahe an dem ihren sah er zwei strahlend blaue Augen und ein wunderschönes Lächeln.

Etwas war passiert. Ein Schauer überrieselte Tony und machte ihn ungewohnt unsicher. Aber nur für einen flüchtigen Augenblick, dann erinnerte sich Tony an das dritte Mädchen, das noch in ihrem Boot war. Er streckte die Hand aus – aber Gerry war schneller gewesen.

Tony und Gerry nahmen jeder ein Ruder und brachten die Schwestern ans Ufer.

»Wir sind euch ja so dankbar«, lächelte Leah. »Ihr müsst uns erlauben, euch als Dankeschön zu Kaffee und Kuchen einzuladen.«

Die beiden brauchten nicht lange überredet werden. Als sie das überladene Boot vertäut hatten, sprangen Gerry, Leah und Lena an Land. Tony blieb mit Aiya zurück. Er wusste nicht, wie er ihr am besten helfen konnte. Er stellte sich so hin, dass er sie tragen konnte, wie er es mit seinem Vater machte, wenn er ihm in den Rollstuhl half. Aiya kicherte, als sie Tonys Unsicherheit merkte. Sie bat Tony, sich vor sie zu stellen, damit sie ihre rechte Hand auf seine Schulter legen konnte.

»So wird's gut gehen«, sagte sie und bat ihn, nun aus dem Boot zu steigen. Mit Tony als Führer konnte Aiya sehr sicher an Land steigen.

Tony fühlte sich wieder so eigenartig unsicher. Aiyas Hand ließ die Schulter nicht los, während sie um ihn herumging. Sie streckte die linke Hand aus und begann sanft sein Gesicht zu betasten, wobei ihre Finger seine Stirn, seine Augen und seine Nase abtasteten, dann seine Wangen und sein Kinn. Sie *sah* ihn mit den Händen.

»Hmm, du siehst richtig gut aus«, sagte sie schelmisch. Tony merkte, dass er rot wurde.

»So, findest du das?«, fragte er sie.

Den ganzen Nachmittag über konnte er seine Augen nicht von Aiyas Augen abwenden. Sie war hübsch und so vergnüglich. »Sie ist die Klügste von uns«, sagte Leah, als sie merkte, wie Tony Aiya betrachtete. »Hat sie schon erzählt, dass sie in London wohnt und Jura studiert? Wir besuchen sie nur hier«, sagte sie lächelnd und zeigte auf Lena. Tony wurde wieder rot. Durfte er die Kühnheit haben, Aiya zum Ausgehen einzuladen? Er fragte sich, was die Schwestern davon denken würden, aber seine Sorgen waren unbegründet …

»Es ist wunderbar hier!«, begeisterte sich Aiya später am Abend, als Tony sie durch Chinatown führte.

»Ich wusste, dass dir das gefallen wird«, sagte Tony und freute sich, zu sehen, wie sehr sie die Atmosphäre der Straßen in sich aufnahm. Es war ein milder, warmer Abend, und die Menschen blieben lange draußen. Herrliche Düfte entströmten den Restaurants, und überall war die Luft erfüllt von den chinesischen Dialekten des Mandarin und des Kantonesischen.

Danach besuchten Tony und Aiya noch viele Male Chinatown. Es war der Beginn einer ganz besonderen Freundschaft.

Tony liebte seine Arbeit und das Herumreisen mit Amid Fahed, doch nun fiel es ihm doch schwer, London zu verlassen. So oft er konnte, kam er zurück, um Aiya zu besuchen. Stundenlang konnten sie miteinander reden, während sie durch Londons Parks schlenderten oder auf der Themse Boot fuhren. Abends konnte man sie in Chinatown oder in einem Kino finden, wo Tony ihr den Inhalt des Films ins Ohr flüsterte, wobei er sie oft zum Lachen brachte. Am Ende jeden Semesters fuhr sie nach Schweden zurück, und Tony hatte manchmal Gelegenheit, sie dort zu besuchen.

* * *

Eines Nachts, fern in Italien, lag Tony wach im Bett und dachte nach. Er sah auf die Uhr. Es war Mitternacht. In London war es noch eine Stunde früher, und er meinte, Aiya würde sicher noch arbeiten. Wenn er an sie dachte, musste er lächeln. Sie war wunderschön, klug und lustig. Niemals hatte er so viel gelacht wie mit ihr zusammen. Auch hatte sie eine prächtige Familie. *Daher hatte sie sicher ihre vertrauensvolle Haltung*, dachte Tony mit einem Lächeln. Dann musste er an seine eigene Familie denken. Nie hatte er viel über seine Eltern erzählt und über die große Traurigkeit, die ihn erfüllte – aber Aiya schien ihn zu verstehen.

»Du fühlst dich einsam«, hatte sie ihm schon bald nach ihrer ersten Begegnung erzählt.

»Einsam?«, hatte er überrascht geantwortet. Darüber hatte er bisher nie richtig nachgedacht. Aber ja, vielleicht war es das? Lowsis Trainingsmethoden hatten ihn stark und diszipliniert gemacht. Er hatte wirklich gemeint, niemanden nötig zu haben. Aber manchmal, so mit seinen Gedanken sich selbst überlassen, musste er zugeben: *Eigentlich bin ich tieftraurig und komme mir verloren vor.*

»Keine Sorge«, hatte Aiya gesagt und ihm die Hand gestreichelt. »Du hast ja nun mich, da kannst du lustig sein.« Dabei lachte sie fröhlich und gab Tony das Gefühl von etwas Neuem, Unbekannten, das ihm aber äußerst gut gefiel.

AUSEINANDERGERISSEN

Tony gefiel es nicht, von Aiya getrennt zu sein. Aber sie studierte ernsthaft, und er hatte auf Zypern zu tun. Wenn Amin Fahed auf Zypern residierte, wohnte Tony in einem Apartment, das der IKFF gehörte und das er mit zwei professionellen Basketballspielern teilte. Wie Tony waren sie disziplinierte Sportler, die ihr Training sehr ernst nahmen. Trotzdem waren William und Kevin echte Spaßvögel, und wenn Tony nichts zu tun hatte, genoss er es, mit ihnen in der Wohnung herumzuhängen, um sich über ihre Witze und Streiche zu amüsieren. William war der Schlimmste. Er war ein riesiger Kerl aus Chicago, dem immerzu dummes Zeug einfiel.

Tony und William schauten sich einen aufregenden Film an, als noch spät am Abend das Telefon klingelte. Erst überhörten sie es, doch schließlich wälzte William seine langen Beine vom Sofa und ging ans Telefon. Tony hatte das kaum wahrgenommen.

Schon einige Augenblicke kam William zurück und stand vor Tony.

»Was soll das? Stell dich nicht vor den Fernseher!«, protestierte Tony. Sein Freund drehte sich um und schaltete das Gerät aus.

»Tony, Kerl, ich habe eine wirklich schlechte Nachricht: Sie ist tot. Aiya wurde bei einem Autounfall getötet ...«

In einem Augenblick brach Tonys Welt völlig zusammen.

William berichtete, dass Aiya mit einer Freundin in London unterwegs war, als einige Jungen völlig betrunken und unter Drogen in einem geklauten Auto einen Lastwagen überholten und auf der anderen Seite frontal in das Auto der Mädchen rasten. Alle waren sofort tot.

Tony stockte der Atem. Er rang nach Luft, und sein Herz pochte wild. Irgendetwas Verrücktes und Unkontrolliertes schoss ihm durch den Kopf, und er schlug auf William ein.

»Ist das einer von deinen Wahnsinnswitzen?«, schrie er. Blanke Wut flammte in ihm auf, er warf den Riesenkerl auf den Boden und schrie immerfort: »Das glaub ich dir nicht. Das glaub ich dir nicht!«

Aber im tiefsten Innern wusste er, dass nicht einmal William mit so etwas Späße machen würde. Es war wirklich so! Aiya, seine beste Freundin, der einzige Mensch, den er je wirklich geliebt hatte, lebte nicht mehr. Tot! Nichts und niemand würde sie zurückbringen.

* * *

Von diesem Augenblick an veränderte sich etwas in Tonys Wesen. Nichts würde mehr so sein wie vorher. Der Zorn, der in seinem Innern in der Nacht gewütet hatte, als Aiya starb, war wie ein tödliches Gift, das in ihm gärte und wuchs, bis es alles in ihm überwuchert hatte. Aller Hass, der sich in ihm von Kindheit an aufgestaut hatte, war ja nicht verschwunden, sondern schlummerte sozusagen nur. Tonys Erfolge und Selbstbeherrschung und natürlich Aiyas Wesen hatten dazu beigetragen, den Hass zu unterdrücken. Aber nun hatte er sich schließlich wie ein scheußliches Ungeheuer losgerissen – bereit, alles und alle anzufallen.

Jeder in seiner Umgebung konnte sehen, dass Tony sich nicht mehr in der Gewalt hatte. William und Kevin versuchten, ihm zu helfen, mit ihm zu reden – aber er drohte nur, sie zusammenzuschlagen. Er wollte nur in Ruhe gelassen werden. Die IKFF wies ihn an, Urlaub zu nehmen, aber Amin Fahed redete persönlich auf ihn ein, weil er ihn mit auf die nächste Reise nehmen wollte. Tony ging es ebenfalls darum, beschäftigt zu sein. Vielleicht würde ihm harte Arbeit helfen, alles zu vergessen. Aber Tony konnte nicht vergessen. Er konnte an nichts anderes denken als an Aiya und an die Verrückten, die sie ihm genommen hatten. Eine abgrundtiefe Wut brodelte in seinem Herzen.

* * *

»Was ist dir denn passiert?«, fragte Amin eines Tages und grinste dumm. Er hatte eine tiefe Wunde über Tonys Auge bemerkt.

»Nur 'ne Streiterei in der Bar, ich konnte nichts dagegen tun«, murmelte Tony. Auf keinen Fall wollte er seinem Chef mehr verraten. In Wirklichkeit hatte er den Streit gesucht. Und so tobte er sich an einigen betrunkenen Seeleuten aus, die ihm gerade gut dafür erschienen – zu deren großem Unglück.

»Heute Abend will ich im Casino spielen. Ich möchte, dass du mitkommst«, sagte Amin. Der Araber blies den blauen Zigarrenrauch in die Luft und grinste lustig, wobei er eine Reihe von Goldzähnen zeigte. Er ging an den Safe und holte einige dicke Bündel Banknoten heraus. Jedes war mit einer goldenen Klammer gesichert. »Ich habe heute Abend ein gutes Gefühl«, sagte er und blinzelte vergnügt.

Das Casino war voll besetzt, und alle grüßten Amin mit Handschlag oder einer respektvollen Verbeugung. Als Erster Leibwächter musste sich Tony immer ganz nahe bei Amin aufhalten. Die anderen Wachtmänner verteilten sich gewöhnlich über das ganze Haus. Amin hatte viele Feinde, so ging er ohne seine Leibwächter nie irgendwohin.

Der Inhaber des Casinos geleitete Amin an dessen Lieblingstisch, und Tony beobachtete den bekannten selbstgefälligen Blick in Amins Gesicht, als ihm die Karten ausgeteilt wurden. Das Spiel begann gerade, als ein ziemlich verschwitzter kleiner Kerl an Amins Seite erschien. Während er hastig auf ihn einsprach, tappte er mit seiner Hand nach ihm wie ein bettelnder Hundewelpe. Tony beobachtete ihn wie ein Luchs. Amin zeigte sich immer irritierter. Tony wartete ab. Amin nickte, und Tony trat vor, ganz dicht vor den fremden Menschen, und ließ ihn eindeutig wissen, er solle verschwinden. Der Mann zögerte. Ängstlich blickte er auf Tony, aber dann redete er noch verzweifelter weiter. Tony wartete kein weiteres Zeichen von Amin ab, sondern trat dem Mann einfach gegen die Kehle. Schreiend hastete er davon wie ein verängstigtes Kaninchen. Die anderen Spieler hielten den Atem an, und es war plötzlich ganz still im Raum.

Amin klatschte in die Hände. »Meine Herren, lassen Sie uns spielen!«, sagte er mit seiner tiefen sonoren Stimme. Alle machten weiter, als sei nichts geschehen. Einige Augenblicke später trafen sich Amins und Tonys Blicke, und Amin nickte ihm anerkennend zu.

Am nächsten Tag wurde Tony in Amins privates Penthouse bestellt.

»Ausgezeichnete Arbeit gestern Abend, Tony«, sagte er und rieb sich die Hände vor Vergnügen. »Ausgezeichnet. Du bist ein treues und hoch geschätztes Mitglied meiner Mannschaft.« Amin saß hinter seinem Schreibtisch aus Marmor und Rosenholz und holte sich Kaugummis mit einem Zahnstocher aus dem Mund. Vor ihm standen die Gewinne der letzten Nacht. Amin mochte immer gern sein Geld zählen. Er behandelte die Scheine, als seien sie kostbare Lebewesen. Alles war fein säuberlich gebündelt.

Das müssen Tausende von Dollars sein, allein auf diesem Tisch, dachte Tony. Er wusste auch, was Amin von ihm wollte. Schon einmal hatte er Amins Wunsch höflich zurückgewiesen, die Schulden anderer für ihn einzutreiben. Amin hatte verlangt, die Leute zusammenzuschlagen, die ihm Geld schuldeten, und Tony hatte das als nicht mit seinem

Auftrag vereinbar abgelehnt. Jetzt war alles anders. Er wusste, dass er diesmal darauf eingehen würde – aber das hatte wenig mit dem Geld zu tun.

Innerhalb weniger Wochen hatte sich Tony völlig verändert. Der selbstbeherrschte, hoch disziplinierte Kampfsportschüler hatte sich in einen jähzornigen, verbitterten jungen Mann verwandelt, voller Aggressionen und Hass. Das Einzige, was ihm Erleichterung verschaffte, war die Möglichkeit, in Schlägereien seinem Hass freien Lauf zu lassen. Das war eine gefährliche, ja, eine furchtbare Lage.

So begann Tony für seinen Chef Schulden einzutreiben. Immer teilte er dann Schläge aus, und immer bekam er das Geld. Amin war hoch zufrieden.

IMMER WEITER HINAB

Tony hatte alle Kontrolle über sich verloren. Von Woche zu Woche sank er tiefer in einen Strudel aus Gewalt und Hass. Wenn er nicht arbeitete, verbrachte er seine Zeit in den Bars rund um Limassol. Er wollte sich nicht betrinken (er trank nur Milch oder Orangensaft). Tony war so erzogen worden, dass er Alkohol nicht anrührte. Das passte einfach nicht zu der Disziplin der Lehre des Kung Fu.

Die »Lehre« des Kung Fu … Immer wieder dachte er darüber nach, was das eigentlich war. Es war eigentlich alles. Es war alles, was Tony war – es war alles, wofür er gekämpft hatte … Aber jetzt, ohne Aiya, galt ihm alles nichts mehr. Alles war bedeutungslos und leer geworden. Immer weniger Zeit hatte er mit den Übungen und den Meditationen verbracht, die doch so sehr Teil seines Lebens waren. Meditation erforderte Frieden, und in ihm war kein Frieden mehr. In letzter Zeit war sein Geist in ständigem Durcheinander, immer erregt, immer auf der Suche nach dem nächsten Streit. Er konnte es nicht aushalten, allein zu sein, aber seine Freunde hatten sich längst von ihm abgewandt. Sie hatten Angst vor ihm.

* * *

»Tony, ich bin's, deine Mutter.«

Tony versuchte krampfhaft, zu sich zu kommen. Er blickte auf die Uhr an der Wand. Neun Uhr morgens. Erst vor ein paar Stunden war er heimgekehrt und sofort auf dem Sofa eingeschlafen. Seine Kleidung trug er noch am Leib, und eine halb zu Ende gerauchte Zigarette klemmte zwischen seinen Fingern. Er träumte. Das Telefon läutete, das war sein beständiger Albtraum. Das Telefon, das schreckliche Nachrichten brachte …

Aber diesmal klingelte es wirklich. Er hob ab, und nun vernahm er die Stimme der Mutter, kalt und klar.

»Tony, bist du da?«

»Ja, ja, ich bin da«, bekam er gerade noch schlaftrunken heraus.

»Tony, es gibt eine große Neuigkeit.« Tony hatte seine Mutter kaum einmal aufgeregt erlebt. Das brachte ihn in seine Kindheit zurück, bevor er nach China ging. Damals war sein Vater noch gesund und wohlauf und arbeitete als erfolgreicher Elektronik-Ingenieur. An jenem Tag kam sein Vater in die Wohnung gestürmt und warf vergnügt Geld in die Luft. Er hatte von einem privaten Kunden Bargeld erhalten. Im Geist sah Tony seine Mutter auf den Vater zulaufen und ihn in die Arme nehmen. So tanzten sie durch das Zimmer und jauchzten vor Vergnügen. Der Vater hob die Mutter hoch in die Luft, und beide fielen unter Gelächter auf den Boden. Tony hatte nicht verstanden, warum das geschah. Aber nun erinnerte er sich daran. Es war einer der seltenen frohen Augenblicke.

»Tony?«

»Ja. Neuigkeiten? Welche?«, sagte er und putzte sich Zigarettenasche von seinem Hemd.

»Es gibt eine Behandlungsmethode für deinen Vater. Einige Ärzte in der Schweiz behandeln Leute, die dieselbe Krankheit haben wie dein Vater. Sie haben Erfolge zu verzeichnen. Tony, er ist sehr krank, er hat's nötig!«

Tony hatte Mühe zu verstehen, was seine Mutter ihm erzählte. Er war auch nicht an Telefonanrufe von seinen Eltern gewöhnt und hatte sich noch gar nicht richtig gefasst.

»Tony, wir brauchen 30 000 Pfund …« Sie machte eine Pause.

»Für die Behandlung?«, fragte Tony.

»Ja, und dass wir in der Schweiz wohnen können.«

Das konnte Tony nicht begreifen. Was meinten die wohl, wie viel Geld er besaß? Einen großen Teil seines Einkommens gab er seinen Eltern doch sowieso schon. Wenn er aber an seinen Vater dachte, wusste er, dass er helfen musste.

»Keine Sorge, Mutter, ich werde das Geld besorgen.«

Etwas später rannte Tony in seinem Zimmer herum. Das war doch eine Menge Geld. Er verdiente zwar gut, aber er hatte keine Ersparnisse. Und eine solch große Menge konnte er nicht einfach so herbeischaffen. Amin hätte ihm helfen können, aber Tony war zu stolz, um ihn darum zu bitten. Er wollte niemandem etwas schuldig sein. Immerhin, einen Weg gab es … Bei dem Gedanken wurde er ganz aufgeregt. Ja, er wusste, was er zu tun hatte.

Beim nächsten Mal, als Amin ihn losschickte, um Schulden einzutreiben, kassierte er etwas mehr als gefordert und behielt den Rest für sich. Als das funktionierte, wurde er mutiger. Alles ging ganz einfach. Dann begann er, Hotelzimmer auszurauben. Dazu suchte er sich das teuerste Hotel der Stadt aus. Ganz gelassen gab er sich als Gast aus, und weil die meisten Leute abends ausgingen, war es ihm ein Leichtes, unbemerkt einzudringen und die Zimmer zu plündern. Die Leute hatten meistens viel Geld mit in den Urlaub genommen – so konnte er reiche Beute machen.

Tony ließ seine Eltern nach Zypern kommen. Da konnte er ihnen das benötigte Geld geben. Sie blieben für eine kurze Zeit bei ihm in seiner Wohnung, und er zeigte ihnen die Insel. Sie waren aber solche gemeinsamen Zeiten nicht gewöhnt, und Tony war froh, als er sie wieder zum Flughafen zurückbringen konnte. Er war irritiert und sogar wütend. Nicht ein einziges Mal hatten sie sich nach seinem Wohlergehen erkundigt, niemals erwähnten sie Aiyas Namen. Es war, als hätte sie nie existiert.

Er brachte sie zum Flugzeug und fuhr dann wie ein Verrückter in die Stadt zurück. Überhaupt fuhr Tony zu schnell, besonders wenn er mit dem Motorrad unterwegs war. Es hatte mehrere Beinahe-Unfälle gegeben, aber das störte ihn nicht. Manchmal dachte er, es wäre das Beste, wenn er sich mit dem Motorrad über eine Klippe stürzen würde. Die Polizei war mehrfach hinter ihm her gewesen.

Doch wenn sie ihn überhaupt einmal schnappten, zeigte er ihnen seinen Ausweis. Weil er für einen Diplomaten arbeitete, blieben seine Geschwindigkeitsübertretungen ungeahndet.

Amin brauchte ihn eines Abends nicht, aber Tony hatte keine Lust, in seine Wohnung zu gehen. Die funkelnden Lichter von Limassol lagen vor ihm, und er suchte Gesellschaft.

Er suchte sich einen Tisch draußen und setzte sich mit seinem Kaffee dorthin. Limassol war voll von Touristen und Einheimischen, die den Abend im Freien genossen. Tony wollte nicht zu viel nachdenken. Zufällig kam Kevin, einer der Basketballspieler, vorbei.

»Hi, Tony, dachte ich doch, dass du das bist«, sagte er vorsichtig. Tony erhob sich, um ihn freundlich zu begrüßen. Kevin war erleichtert – schließlich konnte man nie wissen, in welcher Stimmung man Tony antraf.

»Bitte, setz dich zu mir!«, sagte Tony und zog einen Stuhl heran. Er war froh über die Gesellschaft, aber er konnte ahnen, was Kevin dachte. »Ich freue mich richtig, dass du gekommen bist. Tut mir leid, ich weiß, es ist schon 'ne Weile her.« Dann rief er einen Kellner, der Kevins Bestellung aufnehmen sollte.

Nicht lange danach kam eine Gruppe junger Engländer auf den Platz vor ihnen. Sie stellten ein riesiges Holzkreuz auf, ganz in der Nähe des Tisches, an dem Kevin und Tony saßen.

»Auch das noch! Bibel-Typen!«, sagte Kevin. »Ich fürchte, wir werden gleich eine Predigt hören.« Tony grinste nur und schlürfte seinen Kaffee. Während sie zuschauten, sammelte sich eine kleine Gruppe, und die jungen Leute begannen, Gitarre zu spielen und zu singen. Einige Touristen kamen vorbei, spotteten und beleidigten die Sänger.

»Das ist doch nicht nötig, oder? Die tun doch niemandem etwas«, sagte Tony, der sich über eine Gruppe englischer Jugendlicher ärgerte, die beim Vorübergehen laut dazwischenriefen und die Sänger stören wollten.

»Ich glaube, die sind das gewöhnt«, meinte Kevin lachend. »Los, lass uns woanders hingehen. Unsere Kumpel sitzen in der Afrikana-Bar.«

Kevin warf einige Münzen auf den Tisch und stand auf, um zu gehen.

»Nein, geh ruhig los«, sagte Tony. Er hatte keine Sehnsucht nach einer Bar, und zum ersten Mal seit Langem fühlte er sich entspannt. Er merkte, dass er richtig Spaß an diesem Spektakel hatte. Dem Wirt bedeutete er, ihm eine neue Tasse Kaffee zu bringen, dann wandte er seine Aufmerksamkeit wieder den »Bibel-Typen« zu.

Nach einer Weile legte die Gruppe die Gitarren hin, und einer der jungen Leute begann sich an die Zuhörer zu wenden.

»Wer will diese Flasche Wein haben?« Das rief er einige Male, um die Aufmerksamkeit von noch einigen weiteren Spaziergängern zu gewinnen, die auch stehen blieben, um zuzuhören. »Los, wer will sie haben? Sie kostet nichts ... und es ist auch kein Haken dran.«

Inzwischen waren wohl zwanzig Leute zusammengekommen. Alle schauten gespannt hin. Zuerst nahm niemand die Flasche, doch schließlich trat eine Frau vor.

»Ich will sie«, sagte sie und streckte die Hand aus. Alle schauten erwartungsvoll, was nun geschehen würde, als ihr die Flasche ausgehändigt wurde.

»Danke«, sagte sie, als sie zu ihren Freunden zurückging.

Der junge Mann sprach nun weiter zu den Leuten, jetzt, wo er tatsächlich aufmerksame Zuhörer hatte. Er war ungefähr so alt wie Tony, trug langes Haar, ein T-Shirt und Bermudashorts. Er sprach in einem Akzent, der Tony vertraut war, und Tony vermutete, dass er aus London kam. *Vielleicht ein Student*, dachte Tony.

»Schaut mal«, sagte der junge Mann und zeigte auf die Frau, die jetzt die Flasche im Arm trug. »Sie musste nichts unterschreiben. Wie versprochen, ist es ein Geschenk, ganz umsonst. Alles, was man tun musste, war, vorzutreten und das Geschenk anzunehmen.« Alle hörten zu.

»So ist es auch mit der Gabe der Erlösung durch Jesus«, fuhr der Redner fort. »Jesus liebt jeden einzelnen Menschen auf der ganzen Welt, und die Gabe des ewigen Lebens ist kostenlos. Alles, was wir tun müssen, ist, sie anzunehmen. Gott ist kein Gott, der uns zu etwas zwingen will. An uns ist es, auf ihn zuzugehen.«

»Gott? Welcher Gott?«, lächelte Tony verächtlich. Er dachte an Jowmo, die nichts anderes vorhatte, als alle ihre Götter zu besänftigen. Und dann gingen ihm die Worte seines Großvaters durch den Kopf: »Götter gibt es nicht, außer dem Gott in uns.« Ja, das war, woran er glaubte. Durch das Kung Fu hatte er gelernt, das Chi zu beherrschen, und das schien ihm eine Art Superkraft zu verleihen. *Ich brauche von keinem Gott irgendetwas,* sagte sich Tony. *Ich habe die Verantwortung für mein Leben. Und ich bin stark – weil ich mich auf diese Weise verwirkliche.*

»Erlösung ist die größte aller Gaben ...«, hörte er nun den Prediger sagen. Was war diese Erlösung wohl, von der er sprach? Jetzt fiel Tony sein Religionslehrer ein, Mr. Sizer, ja, und er konnte sich auch noch an die Stunde erinnern, in der er dieses Thema »Erlösung« behandelt hatte. Tony schloss die Augen und erinnerte sich daran, wie Mr. Sizer mit großen Buchstaben das Wort »Vergebung« an die Tafel schrieb. Dazu war er durch die ganze Klasse geeilt, und dreißig Augenpaare wagten nicht, den Blick von ihm zu wenden.

»Stellt euch vor, alles Böse, was ihr je im Leben getan habt, würde einfach ausgelöscht. Stellt euch vor, alles sei vergeben und ihr wärt ganz rein vor Gott. Christen glauben, dass dies geschieht, wenn sie sich Christus übergeben. Sie sind errettet, weil sie an Jesus glauben.« So hatte Mr. Sizer es ihnen gesagt.

Tony war plötzlich traurig geworden. Aber das hatte zum ersten Mal nichts mit Aiya oder mit Mr. Sizer und seiner Schulzeit zu tun. Er musste an die scheußlichen Dinge denken, die er in den letzten

Wochen getan hatte, an die von ihm verwundeten Leute, an das gestohlene Geld. *Ich glaube nicht, jemals vor irgendeinem Gott rein werden zu können,* dachte er.

Doch schnell wischte er solche Gedanken beiseite. *Pass auf, Tony! Mach dich nicht selbst unglücklich!*, ermahnte er sich selbst. Die jungen Leute begannen wieder, Gitarre zu spielen. Tony nahm einen großen Schluck von dem starken, schwarzen Kaffee.

ÄRGER

»Darf ich mich zu Ihnen setzen?«

Tony blickte von seiner Tasse auf. Es war der junge Prediger, der jetzt vor ihm stand.

Tony zögerte, zog dann aber doch einen Stuhl heran.

»Natürlich«, sagte er – und fragte sich, ob das eine kluge Idee war.

»Ich habe bemerkt, dass Sie die ganze Zeit hier gesessen haben. Was halten Sie davon?« Tony wusste nicht so recht, was er dazu sagen sollte.

»Na ja, hübsche kleine Show, denk ich mal. Allerhand Publikum«, sagte er lächelnd und wunderte sich selbst. Es lag in seiner Natur, misstrauisch gegenüber allen Menschen und auf der Hut zu sein.

»Ich heiße Martin«, sagte der Mann. Tony war erleichtert, nicht mit Handschlag begrüßt worden zu sein. Er hasste Leute, die überfreundlich waren.

»Ich heiße Tony.«

Martin bestellte eine Limonade und redete drauflos, während seine Freunde die Gitarren einpackten oder sich mit anderen Passanten unterhielten.

»Wir sind hier, um in diesem Sommer für eine christliche Gemeinde hier zu arbeiten«, erklärte er. »Bisher hat es richtig Spaß gemacht. Wir waren oft am Strand, und so was wie eben machen wir meistens abends. Zypern ist wunderschön, nicht wahr?«

Tony hörte, was Martin über seine Gruppe erzählte und über das, was sie vorhatten. Er wunderte sich, dass er sich immer noch entspannt fühlte. Er genoss diese Unterhaltung sogar. Martin schien ein netter Junge zu sein, und Tony berichtete schließlich auch etwas von dem, was er in Zypern machte.

»Toll, das klingt richtig cool!«, rief Martin aus, als Tony sagte, er sei Bodyguard.

»In Wirklichkeit nicht«, lachte Tony und hörte nur halb zu, was Martin noch alles erzählte. Seine Gedanken waren woanders. *Ich habe meine Arbeit immer für »cool« gehalten*, dachte er traurig. *Heutzutage bin ich nichts als ein Schurke, ein Schuldeneintreiber und ein Schläger.* Tony wusste, dass Amin ihn auf diesen Weg gebracht hatte – aber Tony selbst hatte es zugelassen. Alles war weit fort von den Idealen der IKFF. Er würde in gewaltige Schwierigkeiten kommen, wenn sie herausbekamen, was er jetzt trieb. Er dachte auch an seinen Großvater. Der hätte sich für Tonys Benehmen schrecklich geschämt! Eilig wischte Tony diese Gedanken fort und wandte seine Aufmerksamkeit wieder Martin zu. Die Gruppe war erst vor wenigen Tagen in die Stadt gekommen, und Tony konnte Martin ein wenig von der Umgebung erzählen und von den Orten, wohin sie gehen könnten und wo man das beste Essen bekam.

»Ach klar! Ich habe Michael Wright über einige dieser Orte sprechen gehört«, sagte Martin, dankbar für diese Tipps. »Tatsächlich, den Michael sollten Sie kennenlernen. Der ist äußerst nett – kommt aus Nordirland, aber nun wohnt er hier. Er arbeitet für die Gemeinde, die uns hierhergeholt hat. Ich bin mir sicher, Sie würden sich mit ihm verstehen.«

Eines der Mädchen aus der Gruppe kam herüber. »Martin, wir sind fertig. Kommst du?«, sagte sie und blickte Tony freundlich an.

Martin wollte schon fortgehen, dann drehte er sich um: »He, wir haben noch gar nichts gegessen, vielleicht finden wir hinten bei unseren Unterkünften eine Imbissstube. Wollen Sie nicht mitkommen, Tony?«

Tony war sich unschlüssig. Solche Einladungen hatte er noch nicht oft erlebt. Gewöhnlich war er misstrauisch. Aber Martin schien offen und ehrlich zu sein. Er erzählte ihm auch, was diese Gruppe vorhatte. Sie waren Christen und wollten allen Menschen sagen, was sie glaubten. Sie hielten das für eine gute Botschaft und schienen ehrlich anderen Menschen helfen zu wollen.

Solange sie sich miteinander unterhalten hatten, hatte Martin keinen »frommen Quatsch« erzählt. Vielleicht sollte er, Tony, tatsächlich mit ihnen gehen? Er hatte keine Lust, nach Hause zu gehen, und für die Bars hatte er kein Interesse. *Ja, und wenn die Sache zu komisch wird, weiß ich mir wohl noch zu helfen*, dachte er.

»Ja, warum nicht?«, sagte er und versuchte ein Lächeln.

* * *

Martins Apartment glich den meisten anderen Ferienwohnungen in Limassol. Es war eigentlich winzig klein, doch quetschten sich fünfzehn junge Leute hinein und genossen ihre Pizza. Martin stellte Tony vor, und alle hießen ihn herzlich willkommen. Er aber war erleichtert, dass sie ihn nicht zu viel fragten und nicht allzu großes Theater um ihn machten.

An denen ist was Besonderes, dachte Tony nach einer Weile, als er in die fröhlichen Gesichter sah. Ach, sie konnten sich gar nicht vorstellen, wie traurig es in ihm aussah. Und was würden sie sagen, wenn sie wüssten, wer er wirklich war, und wenn sie von all den schrecklichen Dingen wüsste, die er anderen angetan hatte? Sie hätten sich entsetzt!

Wieder hörte er, wie der Name »Michael Wright« erwähnt wurde.

»Wie sehr wünschte ich, dass Michael dich kennenlernt«, sagte eines der Mädchen. Dabei strahlte sie ihn mit lachendem Gesicht an. »Er unterhält sich gern mit Fremden, besonders wenn sie auf Zypern wohnen. Er liebt diese Insel.«

»Wo ist er denn?«, fragte Tony und hoffte dabei, interessiert genug auszusehen, obwohl es ihm eigentlich ganz egal war.

»Ja, ich weiß nicht, wo er heute Abend ist. Vielleicht ist er zu Hause bei seiner Familie. Oder ... nein, höchstwahrscheinlich besucht er Leute im Gefängnis von Nikosia«, sagte das Mädchen.

»Komm doch am Sonntag in unseren Gottesdienst. Da wirst du ihn zu sehen bekommen«, unterbrach Martin das Mädchen.

»Ja, möglich wär's«, sagte Tony zweifelnd.

Tony blieb bis spät in die Nacht, und auf dem Heimweg dachte er über die Gruppe nach. Ihm hatte es bei ihnen gefallen. Sie waren lustig und vergnügt.

Hab ich wirklich gesagt, ich würde zum Gottesdienst kommen?, fragte er sich und musste lachen. *Was hab ich mir dabei bloß gedacht? Die sind doch nur ein Haufen verrückter »Bibel-Typen«.* Immerhin, tief in seinem Inneren fühlte er sich ein wenig wohler. Schon lange hatte er sich nicht so entspannt gefühlt. Sollte er vielleicht doch mal hingehen?

* * *

Tony hatte es nicht mehr bis zum Gottesdienst geschafft. Einige Tage später ging er ein Stück zu Fuß, als ein Polizeiauto neben ihm stoppte. Zwei Polizeibeamte stiegen aus und zeigten ihm ihre Ausweise.

»Steigen Sie ein«, sagte der eine Polizist auf Englisch. Tony schüttelte langsam den Kopf und holte seinen Diplomatenpass aus der Tasche.

»Steigen Sie jetzt sofort ein!«, sagte der Polizist wieder, diesmal sehr streng.

Tony beschimpfte ihn auf rüde Art. »Sie dürfen mich nicht anrühren«, sagte er und ging weiter. Plötzlich riss der andere Polizist eine Pistole heraus. Tony blieb stehen, sah auf die Waffe und begann zu lachen. Von Waffen verstand er etwas.

»Was soll das? Wollen Sie mich mit der

Museumsflinte erschießen? Ich zweifle daran, dass sie überhaupt funktioniert!«

Der Polizist stellte sich vor ihn und versperrte ihm den Weg. Tony lächelte und blickte gelangweilt auf seine Uhr. Heute hatte er frei. Er wollte nur kurz zum Friseur gehen und hatte sonst nichts vor.

»Meinetwegen«, sagte er und grinste sie an. »Wenn ihr es unbedingt so haben wollt ...« Er entschloss sich also einzusteigen. Ihm konnten die beiden nichts tun, so machte er das Spielchen eine Weile mit. Er würde zur Polizeistation gehen, seinen Diplomatenpass zeigen, und die müssten ihn dann laufen lassen. Wenigstens kam er nun mit dem Auto in die Stadt.

Der Polizeikommissar sprach kein Englisch. Er grinste wie ein Fischer, der einen großen Fang gemacht hatte, als Tony in das staubige Polizeigebäude geführt wurde. Er begann laut auf Griechisch zu reden. Mittlerweile verstand Tony ein wenig davon, aber die Worte kamen in einem solchen Schwall aus dem Mund des Kommissars, dass sie für Tony kaum zu verstehen waren. Bald aber, nachdem der Kommissar eine schwarze Mappe auf den Tisch geknallt hatte, begriff Tony, dass er einer Reihe von Vergehen angeklagt wurde. Er blieb ruhig. *Sollen sie mich doch verklagen*, dachte er. *Dann werde ich vor Gericht alles klären, und ich komme da raus. Selbst wenn sie mir etwas nachweisen können, werde ich für einige Zeit außer Landes gehen. Mag der Botschafter sehen, wie er die Sache regelt.*

Tony wollte lässig seinen Diplomatenpass aus

der Jacke zu holen, doch sofort ergriffen die Polizisten seine Arme, jeder an einer Seite.

»Nicht so stürmisch!«, lachte er sie an. Sie dachten offensichtlich, er wollte eine Waffe ziehen. Der Kommissar brüllte etwas Unverständliches, und die beiden Polizisten fingen an, ihn in grober Weise zu durchsuchen.

Das verwirrte Tony zunehmend. Einer der Männer fand seinen Ausweis und händigte ihn dem Kommissar aus.

»Ha!«, rief dieser triumphierend aus, als er den Ausweis in die eigene Tasche steckte.

»Augenblick mal!«, sagte Tony. »Geben Sie mir den zurück. Sie haben kein Recht dazu. Geben Sie mir sofort den Pass zurück, oder ich werde …« Als Tony über den Tisch nach dem Kommissar greifen wollte, legten ihm die beiden anderen schnell Handschellen an.

Tony lachte ungläubig. Er hätte ganz leicht weglaufen können. Tatsächlich, er hätte allen dreien eine gute Lektion erteilen und dann verschwinden können, und zwar so, wie es ihm Spaß gemacht hätte. Doch nun ließ er sich sogar in die Zelle unter der Polizeistation führen. *Das ist noch kein Grund, viel Theater zu machen*, überlegte er sich. Amin sollte möglichst nichts davon erfahren. Der wäre schlimm verärgert. Nein, nein, stattdessen wollte er noch ein bisschen mitspielen.

»Ist ja schon gut«, sagte er, als der Kommissar den riesigen Schlüssel zu der Zellentür umgedreht hatte. »Ich will ja keine Szene machen, ich möchte nur jemanden von der britischen Botschaft sprechen.« Tony wusste, dass sie wegen seines Passes zu einer offiziellen Stelle Kontakt aufnehmen mussten. Danach würde es höchstens noch eine Stunde dauern, bis man ihn wieder entlassen würde.

Tony irrte sich. Die Stunden vergingen. Die Zelle war kalt und feucht. Und er hatte seit dem Frühstück nichts gegessen, und außerdem hatten die Wächter ihm auch noch seine Zigaretten weggenommen. Allmählich wurde er ärgerlich. »Hey, ist da niemand?«, rief er auf Englisch und Griechisch.

Schweigen.

Niemand konnte ihn hören. Oder vielmehr, niemand hörte auf ihn. Tony schlug mit der Faust gegen die eisernen Gitterstäbe. So hatte er sich die Sache nicht vorgestellt. Wo blieb der Mann von der Botschaft? Zu seiner Ausbildung gehörte auch das Studium des internationalen Strafrechts. Er wusste, dass sie ihn so nicht behandeln durften, zumindest nicht, ohne ihm einen Telefonanruf zu genehmigen – oder ohne dass er einem Richter vorgeführt wurde.

»He, ihr Idioten«, schrie er so laut er konnte. »Schickt sofort jemanden her!« Die ihm in letzter Zeit so vertraute Wut kochte in ihm hoch, und er trat gegen das Gitter, bis die ganze Zelle von dem Klang des Metalls dröhnte.

Immer noch keine Reaktion.

Wo blieben die denn? Was sollte er machen? Niemand war da, und es gab keinen Weg nach draußen. Tony war allein mit dem wilden Ungeheuer seiner Wut.

GEFOLTERT!

Tony wurde von menschlichen Stimmen geweckt. Er war eingeschlafen, irgendwo in einer Ecke der Zelle. Durch das Gitter blinzelnd, versuchte er, die Uhr an der Wand weit hinten zu erkennen. Es war zehn Uhr abends. Er sprang auf, immer noch wütend darüber, dass man ihn dort festhielt. »Wird allmählich Zeit!«, murrte er, als er fünf Griechen kommen sah. Sie trugen keine Uniformen, aber Tony konnte wetten, dass sie Polizisten waren. Tony nahm sich vor, seine Gefühle im Zaum zu halten, und drückte seine abgebissenen Fingernägel in seine Handflächen. Schlimmer konnte es doch wohl nicht kommen!

Aber statt ihn zu entlassen, legten die Männer Tony wieder Handschellen an, und das zur Sicherheit auf dem Rücken. Sie führten ihn zurück nach oben in das Untersuchungszimmer. Das fand er in Ordnung. Er meinte, man würde einige Fragen an ihn richten und ihn einige Zettel unterschreiben lassen – aber das hätte er ohne Handschellen tun können.

Der Kommissar saß hinter einem Schreibtisch und zündete sich erst einmal eine Zigarette an. Ihm gegenüber saß Tony und blickte auf einen hohen Stapel Mappen, die vor ihm lagen. Jede schien zu einem der Hotels in der Stadt zu gehören. An eine ganze Reihe von Namen konnte er sich erinnern: Dort hatte er überall Geld geklaut, um seinem

Vater helfen zu können. Die anderen Namen waren ihm unbekannt.

»Mr. Anthony, ich bin ein vernünftiger Mensch«, begann der Kommissar in einem ziemlich unverständlichen Englisch. »Wir sind über alle Räubereien in diesen Hotels unterrichtet, und wir haben dieses Schuldeingeständnis für Sie vorbereitet. Wir brauchen nur noch Ihre Unterschrift.«

Der Beamte schob das Blatt und einen Stift zu Tony hinüber. Alles war in Griechisch geschrieben. *Auf gar keinen Fall*, dachte Tony. *Ich unterschreib doch nicht, was ich nicht verstehe.* Immerhin hatte er verstanden, dass er vieler Verbrechen angeklagt wurde, die er nicht begangen hatte. Klar, sie hatten ihn erwischt. Er würde zugeben, was er getan hat, aber für alles andere gedachte er nicht, ins Gefängnis zu gehen. Er zeigte auf zwei der Mappen und nickte, schob jedoch zugleich das Papier mit dem Schuldeingeständnis dem Kommissar wieder hin.

Sofort wurde dieser aber wütend. Er verlangte ein volles Schuldeingeständnis. Tony blickte ihn zornig an, während der Kommissar in einer Mischung aus Griechisch und Englisch wild auf ihn einredete, sodass Schweißperlen auf seiner Stirn standen. Tony schüttelte den Kopf. Er wusste: Der Kommissar versuchte ihn zu überrumpeln. Da war es das Sicherste, einfach gar nichts zu sagen.

»Ich sage überhaupt nichts, bevor ich nicht telefonieren konnte«, sagte Tony und gab sich Mühe, ruhig zu erscheinen. Der Kommissar lachte und murmelte etwas auf Griechisch, zwischendurch blies er Tony den Zigarettenrauch ins Gesicht. Nun wurde Tony wütend.

»Ich verlange, mit jemandem aus der Botschaft sprechen zu können.« Es war, als hätte der Kommissar nur auf irgendein Zeichen von Widerstand gelauert. Tony sah das Weiße in seinen Augen, als der Kommissar plötzlich Tony mit der flachen Hand ins Gesicht schlug.

»Sie haben gar nichts von mir zu fordern«, fauchte er.

Wilder Zorn schoss in Tony empor. Niemand durfte ihn auf solche Weise behandeln. Er fühlte Blut, das aus der aufgesprungenen Lippe trat, was seine Wut noch erhöhte. Die Handschellen schnitten in seine Handgelenke, doch er kam zum Stehen und traf den Kommissar mit einem Kung-Fu-Tritt, sodass dieser quer durch den Raum flog. Sofort fielen die beiden anderen Männer mit Schlägen und Boxhieben und Tritten über ihn her. Tony fiel zu Boden, wobei er die Zähne zusammenbiss, um die Misshandlung zu ertragen.

Als der Tag anbrach, fand er sich, völlig zerschlagen und voller Wunden, in seiner Zelle wieder. Ein weiterer Tag verging. Man gab Tony Wasser, aber nichts sonst. Er bekam auch niemanden zu sehen. Genau um zehn Uhr abends kam die gleiche Gruppe zu ihm. Diesmal schlossen sie seine Arme und seine Beine in Fesseln, bevor sie ihn in den Befragungsraum führten. Wieder verweigerte Tony die Unterschrift, und wieder wurde er schwer misshandelt.

Das Gleiche geschah in der nächsten und in der

übernächsten Nacht. Nun waren noch mehr Leute dabei. Sie benutzten Schlagstöcke und andere Geräte, um ihn zu misshandeln und zu foltern. Keiner von ihnen trug Uniformen, daher wusste Tony, dass dies nicht im Auftrag der offiziellen Polizei geschah. Es waren böse, korrupte Leute, die es als »Sport« anzusehen schienen, Gefangene zu misshandeln.

Nach fünf Nächten mit solchen Foltern fürchtete Tony, dass er keine weitere solche Nacht durchstehen könnte. Die meiste Zeit seiner Kindheit hatte sein Großvater ihn geschlagen, aber dies war etwas anderes. Jetzt war er schwach, weil er nichts zu essen bekam und ganz und gar wehrlos war gegen diese grausam harten Kerle.

Ich muss hier herauskommen, bevor ich hier total verrotte, dachte Tony, als seine Peiniger ihn diese Nacht wieder in seine Zelle warfen. Er konnte nicht begreifen, dass sich niemand nach ihm umsah. Amin würde ihn doch sicher schon vermissen? Vielleicht wusste aber auch niemand, dass er hier steckte …!?

Bis zum Morgen hatte Tony seine Handgelenke so sehr an den Handschellen gescheuert, dass sie furchtbar bluteten. Er lag auf dem Fußboden. Sein Kopf dröhnte. So wartete er auf die Morgeninspektion des Beamten. Das war immer derselbe Mann. Er trug die Uniform eines Polizeianwärters und brachte Wasser und jetzt auch trockenes Brot. Tony hatte schon mal versucht, mit ihm zu sprechen, um ihm zu berichten, was hier Nacht für Nacht vor sich ging. Aber dann ließ er das Brot stehen, vermied jeden Augenkontakt und machte sich davon wie ein ängstliches Mäuschen. Diesen Morgen machte Tony nicht einmal den Versuch zu sprechen. Er bewegte sich nicht einmal. Der Beamte kam dicht an das Gitter, hinter dem Tony lag. Er stöhnte vor Entrüstung auf, als er Tonys blutige Arme sah, und hatte sofort heftiges Mitleid mit ihm. Er sprach Griechisch und versuchte, Tonys Aufmerksamkeit zu erregen, weil er fürchtete, er könnte tot sein. Tony bewegte sich.

»Ich hab Ihnen doch gesagt, dass sie mich schlagen«, sagte er matt. »Bitte, Sie müssen mir helfen.« Tony blickte ihn flehend an und hoffte, der Trick werde gelingen.

Innerhalb einer Stunde hatten zwei uniformierte Beamte Tony ins Krankenhaus gebracht. Sein Plan hatte funktioniert. In der Klinik entfernten sie die Handschellen, damit der Arzt ihn behandeln konnte. Bald machten dicke Bandagen es unmöglich, die Handschellen wieder anzulegen. Beinahe taten ihm die Polizisten leid, weil sie allerhand Ärger bekommen würden, wenn sie ihn entkommen ließen – aber es gab keine andere Möglichkeit, sich vor der Zelle in der Polizeistation zu retten. Mit einer schnellen Kung-Fu-Bewegung gelangte er wieder in die Freiheit. Die Polizisten standen eine ganze Zeit lang völlig verblüfft da, dann setzten sie den im Zick-Zack davonrennenden Tony quer über die Straße nach. Sie rissen ihre Pistolen heraus. »Halt, oder ich schieße!«, hörte er einen brüllen.

Sie schossen nicht, und Tony versteckte sich in der nächsten Seitengasse und lief in die Freiheit. Weggekommen war er – aber jetzt war er auf der Flucht.

VON ANGST GEHETZT

Es dauerte nicht lange, und das abscheuliche Heulen der Polizeisirenen erfüllte die Luft. Dies war eine ruhige Ecke in Limassol, und nur wenige Menschen befanden sich auf der Straße. Tony erkannte, dass man ihn hier leicht entdecken und »einkassieren« konnte. Er musste sich bis zur Dunkelheit verstecken. Vor allem aber brauchte er einen sicheren Platz, wo er sitzen und überlegen konnte, was als Nächstes zu tun war.

Ein wenig von ihm entfernt entdeckte er eine schmale Feuerleiter. Er musste wegen der scheußlichen Schmerzen in seinen Handgelenken die Zähne zusammenbeißen, als er hochkletterte. Die Leiter wackelte und knarrte bedrohlich, aber Tony erreichte endlich das Dach eines Flachbaus. Er blinzelte in den Nachmittags-Sonnenschein. Das Licht tat gut, nachdem er so lange in der Zelle gelegen hatte. Von hier aus konnte er die ganze Stadt überblicken und leicht jeden sehen, der ihn verfolgen wollte. Schon bald waren überall Polizisten auf den Straßen. Sie alle suchten ihn. Um sich nicht zu verraten, duckte er sich hinter die Umfassungsmauer. Er wusste, dass er dort eine ziemlich lange Zeit bleiben musste.

Tony lag auf dem Rücken und blickte in den klaren blauen Himmel. Das war der gleiche Himmel wie über Kanton und dem Shaolin-Tempel und dem »Kalten Berg«. Tony dachte an die weiße

Tigerin. Ob sie noch die Gründe des Hanshan Si durchstreifte? Wie mochte es ihr jetzt gehen? Hatte sie vielleicht einen Partner, vielleicht sogar Junge? Oder ob sie in die Fallen der Jäger geraten war? Tony wurde klar, dass er jetzt selbst wie ein gejagtes Tier war.

Lowsi hatte ihm beigebracht, nichts und niemanden zu fürchten. Er hatte ihn auf die äußersten Kanten der steilsten Klüfte und der höchsten Berge mitgenommen und ihn gelehrt, mit verbundenen Augen das Tai Chi auszuüben. Er hatte ihn dazu gebracht, mit den gemeinsten Straßenbanden Chinas fertig zu werden, hatte ihn an den schwierigsten Wettkämpfen teilnehmen lassen, bei denen es um Leben und Tod ging und noch vieles mehr. Und Lowsis Ausbildung hatte etwas gebracht. Tony hatte vor nichts Angst. Er glaubte, dass er mit seinen Kampfsportkünsten und seiner eigenen Stärke und haushohen Überlegenheit über alle anderen jeder Lage gewachsen war. Er spürte die Verbände an seinen Handgelenken und die Wunden an seinen Rippen – aber Schmerzen kümmerten ihn nur wenig. Die war er gewöhnt. Er war mit dem Rohrstock seines Großvaters aufgewachsen. Sein Körper konnte so ziemlich alles aushalten.

Warum war er dann aber so zaghaft? Warum fühlte er sich innerlich so leer? Tony merkte etwas eigenartig Warmes, etwas nie Gekanntes in seinen Augen. Bevor es ihm bewusst wurde, lief ihm eine Träne über die Wange, dann noch eine. Schnell wischte er sich durch das Gesicht. Seit seinen frühen, einsamen Kindertagen in China hatte er nicht geweint. Nicht einmal, als Aiya verunglückte, als seine beste Freundin, seine einzige Liebe, starb, hatte er Tränen vergossen, nur Zorn und Bitterkeit empfunden. Wie er so dasaß und über sein Leben nachdachte, fühlte er sich plötzlich entsetzlich leer, so, als täte sich in seinem Innern ein riesiges schwarzes Loch auf.

Er wusste nicht, was er anfangen sollte. Nie hatte er sich erlaubt, sich einsam oder verwundbar zu fühlen. Wovor fürchtete er sich? Er wusste es nicht. Doch allzu bald fühlte er wieder den ihm bekannten Zorn in sich aufsteigen. Das erschien ihm aber doch besser als Tränen und dieses entsetzliche Gefühl der Leere. Zorn war ihm bekannt, damit konnte er umgehen. Wenn er zuschlug, gegen irgendjemanden oder irgendetwas, war er Herr der Lage und konnte sich Ruhe verschaffen. *Der Zorn ist aber auch wie ein Ungeheuer*, dachte Tony. *Es frisst mich innerlich auf, und je mehr ich um mich schlage, umso mehr verlangt es das von mir.*

Tony legte den Kopf in die Hände und versuchte, den Zorn abzuwehren. Indem er tief in sich ging, versuchte er Frieden durch Meditation zu finden, so wie Lowsi es ihm beigebracht hatte. Aber er fand keinen Frieden, nur immer neuen Zorn, und darunter das Gefühl von etwas Neuem und doch so gefährlich Bekanntem. Es war etwas, was schon sein ganzes Leben lang in ihm steckte, doch er hatte diesem Etwas nie erlaubt, an die Oberfläche zu gelangen. Es war die verzweifelte, quälende Einsamkeit.

Stunden später machte sich Tony im Schutz der

Dunkelheit auf den Weg nach Hause in seine Wohnung. Er wusste nicht, warum, aber er hatte das unbändige Verlangen, mit seinen Eltern zu sprechen. Er wusste nicht einmal, was er sagen wollte, aber er wollte zu ihnen. Wenn er aus Zypern herauskam und nach London gelangte, war er vielleicht in Sicherheit. So hielt er den Hörer dicht ans Ohr und wartete atemlos auf die Fernverbindung. Endlich hörte er das bekannte Signal aus London.

»Los, nun kommt doch!«, flüsterte Tony. »Wo seid ihr? Los, Mutter, antworte doch!« Er blickte auf die Uhr an der Wand. In England war es jetzt bald Morgen. Sie konnten also nicht unterwegs sein.

»Los, macht schon!« Vielleicht schliefen beide noch? Aber Tony wusste, dass seine Eltern Frühaufsteher waren. Warum gingen sie nicht ans Telefon? Endlich knallte Tony den Hörer auf die Gabel und schlurfte den Flur entlang, den Kopf in den Händen. Er wusste, dass es nicht lange dauern würde, bis die Polizei ihn hier suchen würde. Er hätte sich um die Flucht von der Insel kümmern sollen – aber es war, als ob er nichts mehr bedenken konnte. Sein ganzes Sinnen war nur darauf gerichtet, mit seinen Eltern zu reden.

Einige Stunden vergingen, und er konnte sie immer noch nicht erreichen. Er machte sich ein Sandwich, aß es dann aber nicht. Schließlich rief er bei einer Frau an, die im gleichen Stockwerk wohnte wie seine Eltern.

»Mrs. Downing, hier spricht Tony Anthony. Tut mir leid, Sie zu stören.«

Dann war eine Pause, während die Frau überlegte, wer wohl mit ihr sprach. »Ach ja, Tony in Zypern. Wie geht's?«

Tony überhörte die Frage. »Ich versuche, meine Eltern zu erreichen«, sagte er. »Es ist sehr dringend, aber sie kommen nicht ans Telefon.«

Wieder eine Pause.

»Mrs. Downing?«, drängte Tony.

»Aber Tony, sie sind gar nicht mehr hier, sie sind weggezogen.«

»Weggezogen?« Tony war plötzlich sehr aufgeregt. »Was meinen Sie mit ›weggezogen‹?«

»Vor einigen Tagen zogen sie aus. Wir dachten, du wüsstest davon. Ich habe immer noch einen Ersatzschlüssel. Sie haben einige von deinen Sachen in der Wohnung zurückgelassen, sonst ist alles leer. Ihre Sachen haben sie alle mitgenommen.«

»Wohin sind sie gezogen?«, fragte Tony. Er merkte, wie ihm schlecht wurde. Vielleicht waren sie für die Behandlung des Vaters in die Schweiz gefahren. Aber warum hatten sie ihm nichts davon gesagt? Und warum sonst hatten sie ihre Londoner Wohnung aufgegeben?

»Tut mir leid, Tony, ich …«

»Haben sie keine Adresse hinterlassen?«, unterbrach er sie und versuchte, nicht verzweifelt zu klingen.

»Nein, sie haben sich nicht einmal verabschiedet. Das fanden wir eigenartig, aber sie haben sich ja immer von allen Leuten ferngehalten, nicht wahr? Ein Lastwagen kam – ich denke, es war am Montag – dann waren sie fort.«

Tony legte den Hörer auf und schluckte schwer. Etwas Scheußliches begann in ihm zu gären. Es wollte sich Bahn schaffen, aus seinem Magen und aus seinem Mund. Es war, als stürzten die Wände ein. Tonys Herz pochte wild, und das Blut schoss durch seine Adern, als wollte es alles sprengen.

Pass auf!, rief er sich selbst zur Ordnung. *Reiß dich zusammen!* Tony schlug mit seiner Faust dreimal gegen die Wand. Er musste etwas Wirkliches fühlen, etwas Schmerzhaftes, um das Ungeheuer des Zorns in ihm aufzuhalten, das ihn zu verschlingen drohte. Er dachte an das Geld, das er für seine Eltern gestohlen hatte. *Nur ihretwegen sitze ich so in der Klemme*, überlegte er ärgerlich. Doch im tiefsten Innern wusste er, dass dies nicht die ganze Wahrheit war. Die Polizei suchte ihn im Zusammenhang mit seinen Raubzügen – aber Tony war sich bewusst, dass er noch viel Schlimmeres gemacht hatte als das. Wenn er bis ans Lebensende ins Gefängnis gesperrt würde, hätte er das verdient. Eigentlich hatte er immer geahnt, dass seine Vergangenheit ihn eines Tages einholen würde.

In den folgenden Stunden kam er sich vor, als ertränke er in einem Meer der Einsamkeit. Seine Eltern hatten ihn wieder einmal verlassen. Seine wahre Liebe, Aiya, war tot. Er hasste das Leben, und ihn quälte, was er anderen Menschen zugefügt hatte.

Tony fand eine alte Packung Zigaretten und begann zu rauchen – eine Zigarette nach der anderen. Von dem Geschmack wurde ihm übel, aber er zog den Rauch mit kräftigen Zügen ein, so als wolle er sein elendes, verdorbenes Leben ausräuchern.

Plötzlich klopfte es laut an die Tür.

DAS GEFÄNGNIS

Tony konnte nicht klar denken. Vielleicht sollte er sich irgendwo verstecken. Er hatte kein Licht eingeschaltet. Von außen konnte man nicht sehen, dass er da war. Er hätte sogar versuchen können zu fliehen. Leicht hätte er durch das Schlafzimmerfenster steigen und sich unbemerkt auf die Straße an der Rückseite des Gebäudes herunterlassen können. Aber nein, Tony stand vom Fußboden auf und rieb sich seinen Kopf und seine Augen.

Wieder wurde kräftig an die Tür geklopft. Ohne nachzudenken, ging Tony zur Tür und öffnete sie.

»Hände hoch!«, brüllte eine Stimme.

Tony wurde klar, dass er in einen Revolverlauf blickte. Der Polizist richtete ihn direkt auf Tonys Kopf. »Keine Bewegung!«

Tony hatte geübt, mit solchen Situationen fertig zu werden. Er bemerkte, wie die Hand des Polizisten zitterte, mit der er die Waffe hielt. Er merkte, dass der Mann richtig Angst hatte. Bestimmt hatte er ihn gar nicht hier vermutet, schon gar nicht daran gedacht, dass Tony von selbst die Tür öffnen würde. Niemals würde dieser Polizist schießen. Noch in diesem Augenblick hätte Tony entkommen können – wenn er gewollt hätte. Aber er war müde. Er mochte nicht mehr fliehen, nicht mehr kämpfen, er hatte alles satt, auch sich selbst.

Er erkannte den Polizisten. Es war der freundliche Polizist, der ihm gestern Morgen geholfen und ihn medizinisch versorgt hatte. Langsam nahm Tony die Hände in die Höhe.

»Haben Sie keine Angst«, versicherte er dem Polizisten. »Ich unternehme nichts.«

»Warum sind Sie weggerannt?«, fragte der Polizist und blickte Tony tief in die Augen, während er seine Waffe sinken ließ.

»Ich sagte Ihnen doch, dass man mich sehr geschlagen hat«, sagte er gequält.

»Sie wissen doch, dass wir Sie zurückbringen müssen, nicht wahr?«, sagte der Polizist und hielt die Handschellen hoch.

»Das ist nicht nötig. Ich komme so mit Ihnen. Aber bitte, unternehmen Sie etwas gegen die Prügelei! Und helfen Sie mir bitte, mit der britischen Botschaft Kontakt aufnehmen zu können«, fügte er noch mit Hoffnungslosigkeit in der Stimme hinzu.

»Ich werde tun, was ich kann.«

Im Polizeiauto dachte Tony auch nicht über einen Ausbruch nach. Er konnte eigentlich an gar nichts mehr denken. Er war müde, und es war ihm alles egal, was geschah.

In der folgenden Nacht wurde Tony wieder geschlagen, aber er versuchte kaum, sich zu wehren. Bei jedem Tritt und jedem Schlag dachte er an seine Eltern und wie sie ihn einfach im Stich gelassen hatten. Er dachte an die Schläge seines Großvaters, und er dachte an die jungen Leute, die in ihrer blöden Besoffenheit Aiya getötet hatten. Tony hatte immer die Anklagen wegen Raubes abgestritten, doch jetzt gab er alles zu. Er nannte keine Einzelheiten, sondern sagte nur immer: »Ja« – zu allem, sowohl zu dem, was er wirklich getan hatte, als auch zu vielem, was er nicht zu verantworten hatte. Er wollte nur seine Ruhe.

Der Kommissar wischte sich den Schweiß aus dem Gesicht und lehnte sich mit einem satten Grinsen in seinen Sessel zurück. Er hatte Tonys Unterschrift und konnte nun die Akte schließen. Triumphierend und vergnügt betrachtete er seinen Erfolg.

»Wir werden Sie wohl für eine ganze Weile wegschließen, Mr. Anthony«, sagte er und versetzte Tonys zerschlagenem und wundem Körper einen letzten Tritt.

* * *

Ein altmodischer Ventilator rührte die stinkende Luft in dem modrigen Gerichtssaal um. Tony stand einsam schweigend da. Nach seinem Geständnis war ein Mensch von der britischen Botschaft gekommen, um ihn zu besuchen, der ihm auch einen Verteidiger während der Gerichtsverhandlung besorgte. Dessen überhebliche Art hatte Tony aber irritiert.

»Es sieht nicht gut aus«, sagte er von oben herab. »Hoffen Sie ja nicht auf eine bevorzugte Behandlung, weil Sie einen britischen Pass haben. Es ist sogar gut möglich – dabei kommt es ganz auf den Richter an –, dass es nachteilig für Sie sein kann.«

»Können Sie gar nichts für mich tun?«, fragte Tony müde und enttäuscht.

»Wohl kaum, weil Sie unterschrieben haben ...«

»Ja, aber doch nur unter Folter!«, unterbrach Tony ihn.

»Wir befinden uns in einer politisch sehr heiklen Phase. Da zählt Ihr Diplomatenstatus wenig.« Der Mann schien sich mit Tonys Schicksal abgefunden zu haben. Er wusste nichts für ihn zu tun. Tony merkte, dass er auf Gnade und Ungnade dem zypriotischen Gericht ausgeliefert war.

Tony konnte dem, was dort verhandelt wurde, kaum folgen. In einer Reihe von hitzigen Wortgefechten verhandelten die beiden Rechtsanwälte auf Griechisch miteinander. Niemand übersetzte. Währenddessen schaute der Richter gelangweilt und hochmütig zu. Schließlich schaute er auf seine Uhr und hob seine große, feiste Hand, um Ruhe zu gebieten. Er hatte genug gehört. Es war Zeit, das Urteil zu fällen.

»Drei Jahre Gefängnis.« Tony saß mit gebeugtem Kopf da. Er fühlte sich zu elend und zu müde, um irgendwie darauf zu reagieren. Eine Stunde später befand er sich auf dem Weg in das Zentralgefängnis in Nikosia. Es war Heiligabend.

* * *

Tony stand schweigend da, während zwei Gefängniswärter die Registrierung vornahmen. Sie machten ein Foto und Fingerabdrücke, während sie sich unterhielten. Die Zigaretten hingen ihnen dabei lässig aus den Mundwinkeln. Es war, als gäbe es Tony gar nicht. Alles war für sie nur Routine. Es interessierte sie wenig, wer er war, was er getan hatte oder was ihm nun bevorstand.

Schließlich warf einer der beiden Wärter Tony eine grob gewebte Decke, ein Stück Seife, Toilettenpapier und einen Rasierapparat zu. Von der Schlafdecke ging ein ekliger Geruch aus. Tony fragte sich, wie vielen Leuten sie wohl schon gehört hatte und ob sie wohl jemals gewaschen worden war. Einer der Wärter deutete Tony an, er solle dem anderen folgen. Langsam merkte Tony, wie er zornig wurde. Sie wollten ihm nicht einmal so viel Höflichkeit erweisen, direkt mit ihm zu sprechen, doch ahnte er, dass es noch weit schlimmer kommen würde. Er grub seine Fingernägel in die Handteller und versuchte, das Ungeheuer in ihm unter Kontrolle zu halten.

Das Gefängnis war ein riesiger, schauderhafter Ort mit rauen Steinwänden und Lichtschächten, durch die das Licht hier und da die niedrige Decke erkennen ließ. Hier und da tröpfelte Wasser durch alte Rinnen, wodurch alles feucht und nach Verwesung roch. Jetzt ging es nach unten. Da gab es noch weniger natürliches Licht, und eine einzige Glühlampe tauchte die Tunnelwände in unheimliche Farben. Immer weiter ging es in die Tiefen des Gefängnisses hinein. Als sie eine Reihe tiefer, schmaler Stufen erreichten, kam ihnen immer mehr Gestank entgegen, der Tonys Lungen mit dem Geruch abscheulicher Fäulnis füllte. Er musste würgen, und Angst machte sich breit.

Die Stufen mündeten in einen langen Flur mit lauter Zellen. Tony blinzelte in das schwache künstliche Licht und bemerkte ganz am Ende eine schwere Eisentür. Geschrei, Rufe und hysterisches Gelächter wurden von den Wänden und Gittern zurückgeworfen. Er konzentrierte sich auf seinen Atem. Lang und tief holte er Luft. Bloß ruhig bleiben! Nicht die Kontrolle verlieren!

Bald blieben die Wärter stehen und begannen die Tür einer größeren Zelle zu öffnen. Sie zeigten auf eine flache Pritsche und stießen Tony voran.

Er überblickte die Einzelheiten in der Zelle, sein Herz klopfte laut und schwer. Es war schrecklich! Tony hielt sich mit der Hand Nase und Mund zu. Es roch nach Urin und Schweiß. Seine Augen fielen auf die sieben eisernen Pritschen, die mit schweren Ketten am Fußboden befestigt waren. Sein Magen drehte sich um und schickte eine gallige Flüssigkeit in seinen Mund. Männer lagen wie lebendige Leichname auf ihren Betten, anderen hockten an der Wand, hielten sich mit den Armen umschlungen und schaukelten langsam hin und her, wobei sie knurrten oder summten. Andere misshandelten sich selbst oder andere.

»Nein!«, hörte er sich selbst schreien. »Nein, so nicht!«

Mit seiner eisernen Faust holte er aus und schickte den einen Wärter krachend zu Boden. Wahnsinn und Angst hatten ihn gepackt. Er musste heraus, musste sich den Weg freihauen aus all dem Schrecken und diesem Dreck und Mist! Auf keinen Fall wollte er hierbleiben, keinesfalls ein Teil dieses Albtraums werden. Er schlug auf alles und jeden ein und verursachte so einen allgemeinen

Aufruhr. Dreckwassereimer flogen umher, als die Männer von ihren Kojen aufsprangen. Manche beteiligten sich an dem Chaos, indem sie auf Tony und aufeinander einschlugen. Andere schrien und erhöhten die Raserei, wenn sie versuchten, den fliegenden Fäusten und den Tritten auszuweichen. Wie ein wildes Tier versuchte Tony seinen Weg durch die Zelle freizukämpfen, bis schließlich ein Schlag auf seinen Hinterkopf ihn zu Boden schmetterte.

Einen Augenblick lang konnte Tony keine Luft bekommen. Er fühlte nur, wie sein Kopf auf den Steinboden schlug, und dann schien alles nur noch zu verschwimmen. Er versuchte aufzustehen, aber daraufhin regnete es Knüppelhiebe. Wachen erschienen von überall her. Man fesselte seine Arme rau auf dem Rücken und sicherte sie mit einem dicken Ledergürtel.

Das Nächste, was er wahrnahm, war Sonnenlicht. Man hatte ihn über das Kopfsteinpflaster halb getragen, halb geschleift. Jeder Zentimeter seines Körpers schmerzte furchtbar, und bald versank er wieder in Bewusstlosigkeit.

DER TIGER IM KÄFIG

Tony erwachte in fast völliger Dunkelheit. Sein Körper brannte vor Schmerzen. Es war eiskalt. Was war das? Ganz nahe bei ihm war ein unheimliches Kratzen und Rascheln zu hören. Er versuchte, etwas von seiner Umgebung zu erkennen. Eine einzige Kerze mühte sich, mit ihrem schwachen Licht gegen die schwarze Finsternis zu kämpfen. Sie flackerte gefährlich wegen des Luftstroms, der geräuschvoll unter der Eisentür hereinkam. Tony richtete all sein Denken auf die Flamme, als würde sie sogleich verlöschen, wenn er den Blick von ihr wandte.

In solchen ungewohnt schwachen Augenblicken ergriff ihn Angst. Immer in das Licht blickend, fuhren seine Hände wie wild über die kalten Steinwände. Dann fühlte er Sand und dicken Staub auf der schmalen Holzbank, auf der er lag. Schatten bewegten sich über den Boden. Nein, es waren keine Schatten. Nun wusste er, woher das Kratzen und Huschen und Rascheln kam. Kakerlaken. Hunderte von Kakerlaken!

Tony zog seine Knie gegen die Brust und machte sich so klein wie möglich. Sobald er sich bewegte, tat ihm alles weh. Vorsichtig betastete er sein Kinn und seine Gliedmaßen – überall Wunden. Es schien aber nichts Gefährliches zu sein, keine deutlich gebrochenen Knochen, nur alles sehr geschwollen, und sein Kopf dröhnte immer noch von dem Schlag mit dem Knüppel. Er zitterte. Die Zelle war eiskalt, doch der Schweiß tropfte, als sei er in der Sauna.

Furcht packte ihn. Das hier war etwas, was er nicht kannte. Plötzlich war er wieder wie ein gefangener Tiger, erschreckt und verzweifelt zugleich. Er versuchte aufzustehen, aber die Decke der Zelle war so niedrig, dass er sich den Kopf stieß. Der erneute Schmerz durchfuhr seinen ganzen Körper.

Fass dich endlich und reiß dich zusammen!, sagte er sich mit zusammengebissenen Zähnen. *Halt dich unter Kontrolle!* In seinem Geist sah er das Gesicht seines Großvaters. Er wusste, was er zu tun hatte. Meditieren. Den inneren Frieden gewinnen, das Chi. Er atmete tief und schloss die Augen, aber nichts als Finsternis brach über ihn herein. Da war kein Frieden, nein – da war nichts als ein schmutziges, schwarzes Loch des Schreckens.

* * *

Tony verlor den Überblick, wie lange er in dieser Einzelzelle festgehalten wurde. Sie nannten dieses Verlies »das Loch«. Tag und Nacht waren dort völlig gleich. Doch schließlich wurde er in die Hauptzellen zurückverlegt.

»O, du hast das Loch also überlebt.«

Ein junger Mann stand an der Tür zu Tonys neuer Zelle. Die Gefängnisleitung hielt es für sicherer, ihm eine Einzelzelle zu geben. So konnte er niemanden zusammenschlagen. Sie war gerade so breit, dass Tony beide Arme ausstrecken konnte, ohne die Wände zu berühren. Es gab dort ein hartes Bett mit einer dünnen und abgenutzten Matratze und einem kleinen Abfalleimer. Tony hatte keinen Besuch erwartet und sagte auch nichts.

»Man sagt, da wird man ganz verrückt oder man geht kaputt«, fuhr der Fremde fort. »Weißt du, das macht hier keinen Unterschied, wenn du mich fragst. Hier kannst du genauso gut verrückt sein.«

»So, so«, sagte Tony, der dem unerwarteten Besuch zeigen wollte, wie wenig er ihn interessierte.

»Ich heiße Andy«, sagte der Mann, stapfte in die Zelle und bot Tony die Hand zum Gruß. »Aus Yorkshire, mit der Armee unterwegs. Hab zwei Jahre aufgebrummt gekriegt wegen Betrug. Blöde Sache.« Er lachte. Tony zögerte noch, dann gab er ihm die Hand.

»Tony«, sagte er ernst.

»Ich weiß, die erzählen tolle Sachen von dir. Wir hörten, du hättest dir beinahe den Weg aus der ersten Zelle freigehauen. Hast wohl einige zusammengeschlagen, was?« Tony sagte nichts. »Prima Sache, Kampfsport. Kannste gut gebrauchen hier. Hier steht jeder für sich allein. Wirst es bald anwenden können.«

Andy war ungefähr so alt wie Tony. Er sah gesund aus und hielt sich viel sauberer als die anderen Gefangenen.

»Ist doch schön, noch einen Engländer bei sich zu haben«, sagte er und setzte sich auf Tonys Pritsche. »Die meisten hier sind Griechen, Araber und Türken. Es gibt auch Palästinenser und ein paar Israelis. Die hält man in getrennten Flügeln natürlich, weil die oft versuchen, sich gegenseitig umzubringen. Du wirst noch lernen, wie es hier zugeht. Immer gibt es irgendwo Streitereien.«

Tony schüttelte langsam den Kopf. Ihn interessierte das nicht. Er wollte nur er selbst bleiben. Allerdings musste er zugeben, dass es sehr schön war, ein freundliches Gesicht zu sehen. Und Andys Gerede brachte einen Hauch von Wärme in die eisige Zelle.

»Nicht mutlos werden, Junge«, sagte Andy, der Tonys Traurigkeit spürte. »Die ersten paar Wochen sind immer die schlimmsten. Dann gewöhnst du dich irgendwie daran. Und ein Mann wie du kann jedenfalls für sich selbst aufpassen.«

Tony schnaubte als Antwort verächtlich und lachte zynisch.

»Sie sind in Wirklichkeit gar nicht so schlimm«, sagte Andy wieder und nickte in Richtung der anderen Zellen. Dann lachte er: »Na gut, wenn man bedenkt, dass es alles Diebe, Mörder, Betrüger, Terroristen sind … trotzdem, sie sind genauso wie du und ich, wirklich.«

Tony blickte ihn zweifelnd an.

»Nur vor den Verrückten musst du dich in Acht nehmen«, fuhr Andy fort, womit er Tony ein Lächeln entlockte.

»Nee, mein Lieber, das mein ich so. Ich glaube, zu Hause hätte man sie in eine Irrenanstalt gesteckt. ›Geisteskranke Kriminelle‹ würde man sie nennen. Hier hat man sie einfach zu uns mit hineingesteckt. Es gibt einige gefährliche Spinner, ich sage dir, die fangen einfach zum Vergnügen Streit mit dir an. Schau ...« Andy zog seine Hemdsärmel hoch und zeigte Tony schwere Brandwunden. Er fuhr mit den Fingern darüber und sagte: »Das war erst letzte Woche. Alcaponey, wie wir ihn nennen, ist der verrückteste von diesen Spinnern. Riesig komischer Opa mit 'ner Gestalt wie 'n Hüne. Scheußlich sieht er aus. Na, du wirst ihn schon noch erleben. Er kriegte mich zu fassen, und dies hat er mit seiner Zigarette gemacht. Dabei lachte er die ganze Zeit. Ich konnte nichts dagegen tun. Du wirst noch andere Geschichten hören ...«

Andys Stimme wurde leiser, und seine Gedanken schienen zu wandern – zu einem finsteren und schrecklichen Ort.

»Danke für deine Warnungen, Kumpel«, sagte Tony und versuchte, ein wenig freundlicher zu erscheinen. Allmählich begriff er nämlich, dass es gar nicht schlecht wäre, trotz allem noch einige Freunde zu haben. Einer saß jedenfalls neben ihm, und Andy schien ein anständiger Kerl zu sein.

»Dann erzähl mal: Wann hast du Gelegenheit, hier zu duschen?«

Andy blickte ihn warnend an. »Klar, du kannst in den Waschraum gehen, wann immer du willst – aber geh nie allein, sag ich dir. Es ist gefährlich dort, denn da hängt immer ein Haufen Verrückter rum.«

»Sind keine Wächter da?«, fragte Tony.

»Die gehen bloß dahin, wenn jemand zusammengeschlagen wurde. Sonst machen sie beide Augen zu bei allem, was da abläuft. Manche von ihnen sind außerdem genauso verdreht wie die Verrückten«, sagte Andy bitter. »Ich und noch einige Kameraden gehen nachher hin, dann werde ich rufen. Erwarte ja keinen Luxus und nicht etwa heißes Wasser. Manchmal kommt überhaupt kein Wasser aus den alten verrosteten Rohren. Du denkst vielleicht, einige von uns wären von der Sonne gebräunt – aber das kommt nur von dem Zeug, in dem wir uns waschen.« Er lachte.

Das überraschte Tony nicht. Er hatte gehört, dass das Zentralgefängnis von Nikosia eines der übelsten in der ganzen Welt sei. Es war ein Sumpfloch, wo man Menschen dem Verfaulen preisgab, und viele taten es wirklich. Viele der Wärter waren korrupt und kümmerten sich nicht um die Kämpfe und Ungerechtigkeiten unter den Gefangenen. Wurde jemand gefährlich geschlagen, so kamen sie nur, um die Sache aufzuklären, indem sie den Verwundeten ins Krankenzimmer oder gleich auf den Friedhof schleppten.

Tony merkte bald, dass es nur wenige Regeln gab, außer dass die Gefangenen dreimal am Tag etwas zu essen bekamen, und an den meisten Tagen durften sie zwanzig Minuten lang auf dem Hof spazieren gehen. Er sehnte sich nach diesen Zeiten. Es gab zwar nichts zu sehen als auch wieder nur Steine und Beton, aber wenigstens war da der blaue Himmel und schöne frische Luft. Obgleich es draußen sehr frisch war, kam es ihm wärmer vor als zwischen den Steinwänden des

Gefängnisblocks. Die Kälte war das natürliche Foltersystem des Gefängnisses. Tag für Tag wachte Tony zitternd vor Kälte auf und stieß Dampfwolken in die beißend kalte Luft. Die Gefangenen trugen nur Latschen, und ihre Füße waren dauernd taub vor Kälte. Sie verbrannten alles, was sie in die Finger bekamen, und machten sich kleine Feuer, um die sie sich abends versammelten. Ein Feuer war ein kleines und doch unschätzbares Vergnügen. Aber irgendwie wurde es dadurch für die Männer noch schwerer, wenn sie in ihre Zellen gesperrt allein mit der beißenden Kälte fertig werden mussten. Tony schlief immer, indem er die Arme um den Kopf legte. Er bedeckte so die Ohren, um möglichst das Weinen und das hysterische Geschrei aus den anderen Zellen nicht hören zu müssen. Selbst die härtesten Männer konnte man in mancher Frostnacht wie Babys weinen hören.

Tagsüber durften sie umherwandern, wie sie wollten – aber es gab kaum etwas zu tun. Sie lebten in Schmutz und Verkommenheit. Da war es kein Wunder, dass sich manche in wandelnde Leichname verwandelten. Viele nahmen Drogen, und alle waren Kettenraucher. Man konnte schnell begreifen, warum. Manchmal bekamen sie kaltes Essen, etwa klumpigen Haferbrei, in Wasser gekocht zum Frühstück. Außerdem waren alle Mahlzeiten gleich. Alles schmeckte abscheulich, aber Tony zwang sich zum Essen, um seine Kraft nicht zu verlieren.

»Zu Hause würden sie so etwas nicht einmal ihren Schweinen vorwerfen«, überlegte er oft mit

Andy und einigen anderen, wenn sie den Schimmel von den harten Brotkanten wischten.

»Schau, es ist wieder Tomatenzeit!«, sagte Shane, ein Junge aus Sri Lanka. Die anderen lachten. Zu jeder Mahlzeit gab es jetzt verrottete Tomaten.

»Wisst ihr, ich schließe einfach die Augen. Dann kann ich mir einbilden, diese angekohlten Eier sind in Wirklichkeit schön in Butter mit ein wenig Schlagsahne gebraten«, meinte Mohammed. Die anderen kicherten.

»Tatsächlich, ich kann auch den geräucherten Lachs riechen«, sagte Andy. »Und, meine Herren, lasst uns mit diesem wunderbaren Champagner anstoßen … auf bessere Tage!«

Die Männer lachten.

»Auf bessere Tage«, sagten sie wie aus einem Mund, dann erhoben sie ihre Becher, bevor sie das eklige, schwarze Gesöff hinunterkippten, das Kaffee darstellen sollte.

»Kommt hier lang, aber seid still jetzt.« Das war Stavros, ein Grieche, der sich gern bei den englischsprachigen Insassen herumtrieb. Er büßte eine lebenslange Haft ab. Aber niemand wusste genau, weshalb. Zehn Jahre hatte er schon abgesessen. Er war wie ein Wiesel, überall zu finden, und man tat gut daran, ihn zu kennen. Stavros hatte Beziehungen nach »draußen« und konnte manches beschaffen. Tony nahm an, dass er der Hauptdrogendealer war – aber er konnte auch Papier, Stifte, Bücher und Zeitschriften besorgen.

»Was hast du da?«, flüsterte Andy aufgeregt, als

die Gruppe sich mit gesenkten Köpfen versammelt hatte.

»Steak«, flüsterte er zurück. Dabei funkelten seine Augen vor Erregung. Nachdem er sich sicher war, dass niemand außer der Gruppe sie beobachtete, fasste er in seinen Hosenbund und zog ein in Lumpen gewickeltes Päckchen hervor.

»Toll!«, rief Andy aus.

Shane pfiff vor Bewunderung durch die Zähne. »Wie hast du das bloß fertiggebracht?«, sagte er, als Stavros begann, die Stofffetzen abzuwickeln.

»Ich kriegte das Ding, als ich beim Koch war. Aber vergesst nicht: Es hat mich eine Wochenration an Glimmstängeln gekostet.«

Sofort griffen die anderen in ihre Hosentaschen und händigten Stavros eine Reihe von Zigaretten aus. Er grinste fröhlich.

»Na, jetzt kommt das gute Stück!« Mit zitternden Fingern zog er das letzte Stoffstück ab, um ein kleines, schrumpeliges Stück gekochtes Fleisch anzubieten. Selbst hungrig, riss er es in gleich große Stücke. Für jeden der fünf Männer gab es nur einen Mund voll zu essen.

Tony nahm das Fleisch in den Mund, kaute und saugte daran, nur darauf bedacht, es nicht zu früh herunterzuschlucken. Das Fleisch war zäh und schmeckte nach nichts außer nach Salz. Trotzdem: Leckereien wie diese waren selten, und man musste lange darauf warten.

Die Männer saßen schweigend da, drehten das Fleisch mit ihren Zungen und zermahlten es mit den Zähnen. Sie genossen jeden Bissen.

* * *

Die Wochen vergingen schmerzhaft langsam, und es ging vom Winter zum Sommer. Wenn die Winterkälte schon grausam war, die Hitze des zypriotischen Sommers war es noch mehr. Der Gefängnisblock glich einem Glutofen, in dem die Temperaturen höher zu klettern schienen als sonst wo. Es gab viele Streitereien, und es kam nicht selten vor, dass ein Gefangener wegen einer Zigarette geschlagen oder sogar getötet wurde.

Tony hatte keinerlei Kontakt zur Außenwelt. *Es gibt niemanden, der sich um mich kümmert*, dachte er bitter, wenn er täglich andere Gefangene sah, die über Briefe ihrer Lieben nachgrübelten. Er hatte von seinen Eltern nichts gehört und wusste immer noch nicht, warum sie verschwunden waren. Auch mit Lowsi hatte er den Kontakt abgebrochen, als er für Amin als Schuldeneintreiber tätig wurde. Tony schämte sich, wenn er daran dachte, wie er seinen Großvater und die Lehre des Kung Fu entehrt hatte.

Sooft er Papier und Tinte bekommen konnte, verbrachte er mehrere Stunden mit Kunstschrift. Das erinnerte ihn an das Haus in Kanton, in dem er als kleiner Junge gemalt und die chinesischen Schriftzeichen geübt hatte. Leider gab es nicht viele glückliche Erinnerungen an jene Zeit. *Das Heim meines Großvaters war genauso ein Gefängnis gewesen wie dieses hier*, dachte Tony ärgerlich. Wenn er die Augen schloss, konnte er sich deutlich an die Torturen seiner frühen Übungsstunden erinnern. *Zack!* Tony kniff die Augen zusammen, so als fühlte er noch immer den Schlag von Großvaters Rohrstock, mit dem er ihn hinter die Ohren schlug.

Tony kratzte mit dem Pinsel auf dem Papier und machte ärgerlich dicke Striche mit der schwarzen Farbe. Sein Leben lang war er nichts als ein eingesperrtes Tier. Niemals war er frei. Nur seine geliebte Aiya hatte sich wirklich um ihn gekümmert. Sie war die Einzige, die in die Nähe des tiefen schwarzen Loches der Einsamkeit in ihm gekommen war. Warum musste sie sterben? Das war ungerecht! Tony knüllte das Papier, an dem er gearbeitet hatte, zusammen und warf es in plötzlich aufflammender Wut auf den Boden.

»Na, was ist denn heute mit dir los?«

Es war Andy. Tony war nicht in der Stimmung für ein Schwätzchen.

»Die alten Sachen haben dich eingeholt, nicht? Mein Lieber, solche Tage haben wir alle hier immer mal wieder.«

Tony hielt seine Augen auf den Boden gerichtet, seine abgekauten Fingernägel presste er in seine Handflächen. Er kämpfte, um den Zorn in sich zu unterdrücken. Er wollte Andy keine »runterhauen«. Der meinte es nicht schlecht mit ihm. Schläge hatte er wirklich nicht verdient.

»Sieh mal, ich weiß, wie dir zumute ist. Manchmal braucht man dann einen, der mit einem spricht«, sagte Andy und setzte sich neben Tony.

Tony schnaubte ärgerlich und sah nicht auf.

»Da kommt einer, der mich besucht. Er heißt Michael Wright ...«

Plötzlich hörte Tony zu. Michael Wright –

Michael Wright. Der Name ging ihm im Kopf herum.

»Den Namen kenn ich«, sagte er und schaute Andy an. »Woher kenn ich den bloß?«

»Keine Ahnung, Kumpel! Das ist so 'n Prediger aus Belfast, ein Missionar, so nennt er sich selbst. Eine Art Weltverbesserer, weißte? Aber er kommt jede Woche und besucht mich …«

Na klar! Tony erinnerte sich an den Abend, bevor die Polizei ihn mitnahm, als er in Limassol die jungen Engländer traf. Er war auch mit den anderen, die für eine christliche Gemeinde arbeiteten, in Martins Apartment gegangen. Die hatten von Michael Wright gesprochen. Ja … von Michael Wright, dem nordirischen Missionar. Das musste derselbe Mann sein.

»So?«, sagte Tony und war froh, in seinem Kopf die Verbindung wiederhergestellt zu haben – aber damit war sein Interesse auch schon erloschen.

»Ich hoffe ja, du nimmst es mir nicht übel, dass ich ihm von dir erzählt habe.«

Tony antwortete nicht.

»Er möchte dich wirklich gern kennenlernen«, bot Andy vorsichtig an.

»Und wozu brauch ich einen Prediger?«, schnauzte Tony zurück.

»Ist schon gut, ist schon gut. Ich mein ja bloß«, sagte Andy ein wenig nervös. »Schau mal, es ist deine Angelegenheit – aber dir geht es wie mir. Du bekommst keine Besucher, und manchmal kann einem dieser Ort schon ›auf den Geist gehen‹. Wenn Michael dich besucht, schadet es doch nichts. Du lässt ihn einfach losschwatzen, und hinterher spendiert er dir noch 'ne Cola.«

Plötzlich war Tony wieder interessiert. »Du meinst richtige Coca-Cola?«

»Klar!«, lachte Andy erleichtert. »Da ist eine Kantine im Besuchsraum. Und jeder Besucher hat die Erlaubnis, dir eine Dose Cola zu spendieren.«

Tony spürte förmlich schon das erfrischende Getränk auf seiner Zunge. Wie lange war das her! Es war eine schreckliche Versuchung. Er wischte sich mit seiner schmutzigen Hand über die Stirn. Viele Leute in seiner Lage täten alles für eine Berührung mit der Außenwelt. Aber Tony war zu stolz. Er brauchte keinen Prediger. Er brauchte niemanden. Und warum sollte dieser Mensch an ihm interessiert sein? Er schüttelte den Kopf, stand auf und wanderte in seine Zelle. Wieder brannte inwendig der alte Zorn.

DER BRIEF

Einige Tage später wachte Tony auf, weil ein Brief unter seiner Zellentür hindurchgeschoben wurde. Er starrte unbeweglich dorthin. Seit vier Monaten war er nun schon im Gefängnis und hatte nie Post bekommen. Sein Herz klopfte. Konnte der von seinen Eltern kommen? Er sprang aus dem Bett und ergriff den Brief, den er erst von Sand und Staub säuberte. Sein Mut verließ ihn. Es war nicht die Handschrift seiner Mutter, und auf dem Umschlag klebte eine Briefmarke aus Zypern. Der Brief war hier eingesteckt worden. Immerhin gewann die Neugier die Oberhand, und er riss den Umschlag auf. Er wollte doch wissen, woher er kam. Er überflog das Geschriebene. Die Unterschrift lautete »Michael Wright«. Tony holte tief Luft und las alles noch einmal. Er grübelte über jedes Wort, als sei es eine kostbare Rettungsleine.

Tony wusste nicht recht, was er von dem Brief halten sollte. In ihm steckte noch zu viel Ärger. Warum schrieb dieser Prediger ihm? Was wollte er von ihm? Warum wollte er sich in sein Leben einmischen? Die Antworten standen alle in dem Brief. Michaels Brief war freundlich. Er erklärte ihm, dass er mit seiner Frau von Belfast herübergekommen war, um für eine Gemeinde in Limassol zu arbeiten. Sie hätten von Tony in der hiesigen Zeitung gelesen und machten sich Sorgen um ihn. »Wir wissen, dass du weit weg von zu Hause bist«, hieß es in dem Brief, »und ich hoffe, dich besuchen zu dürfen.«

Warum?, fragte Tony sich. *Warum sollte ein Mensch wie du einen wie mich besuchen wollen?*

»Ich will es einfach um der Liebe Jesu willen«, las Tony.

Tony empfand einen leichten Schwindel in ihm aufsteigen. Er musste plötzlich lachen, halb aus Wut, halb aus Verwirrtheit. *Was war das für eine komische Redensart?*, dachte er. Doch dann las er diesen Satz wieder und wieder, als könne er ihn nicht glauben.

Tony las weiter und erfuhr noch einiges über Michael Wright, bis er zu der Unterschrift am Ende des Briefes gelangte. Daneben hatte Michael einen kleinen Smiley gemalt. Tony schüttelte ungläubig den Kopf, und wieder begann der Zorn hochzukommen. *Ein Smiley-Gesicht? Wie konnte dieser Mensch, dieser Fremde, es wagen, ein fröhlich lächelndes Gesicht zu malen?*

»Ich stecke *im Gefängnis*!«, knurrte Tony ganz laut und knirschte mit den Zähnen. »Was habe ich mit einem Smiley zu tun?« Er knüllte den Brief zusammen und warf ihn in eine Ecke seiner Zelle. Wütend ging er auf und ab wie ein Tiger im Käfig, während die Worte des Briefes in seinen Ohren weiterklangen.

Tony war während des ganzen Tages verwirrt und ärgerlich. Es war unerträglich heiß, und wenn zwischen den Arabern und den Israelis ein Kampf ausbrach, machte Tony sofort mit. Ihm war es egal, worum es bei der Schlägerei ging. Er wollte bloß was unternehmen, um seinem Zorn freie Bahn zu geben. Dabei war es ihm egal, wen er boxte oder trat. Wenn er in Fahrt war, schlug er wütend um sich, alles zerschmetternd und zerbrechend, was ihm in die Quere kam. Diesmal geriet die Sache aber völlig aus dem Ruder. Fast alle Gefangenen waren darin verwickelt, und aus dem Nichts tauchten alle möglichen Waffen auf. Da gab es Messer, Knüppel, Rasierklingen und Schlagstöcke. Die Wärter gaben Warnschüsse ab, aber niemand achtete darauf. Die Männer hatten kaum etwas zu verlieren, und vielen war es egal, ob sie erschossen wurden. Wenigstens gab der Kampf ihnen etwas zu tun – etwas, was die schreckliche Langeweile besiegte.

Schließlich forderten die Wachen Verstärkung an. Die Soldaten trafen ein, knatterten mit ihren Maschinenpistolen und schrien Befehle über Lautsprecher. Am Ende waren alle überwältigt und in ihre Zellen gesperrt.

Auf seinem Bett sitzend, versorgte Tony eine blutende Faust und ließ sich den Kampf noch einmal durch den Kopf gehen. Es hatte gutgetan, mal wieder zuschlagen zu können. Doch nun wurde er wieder nüchtern aus diesem Rausch der Erregung. Er stellte sich die Gesichter vor, die er demoliert hatte, und zuckte zusammen, weil er sich vor sich selbst ekelte.

Aus einem Augenwinkel sah er Michaels Brief, der noch immer zusammengeknüllt in der Ecke lag. Er starrte ihn eine Weile an, dann ging er hinüber und hob ihn auf. Nachdem er ihn glatt gestrichen hatte, las er ihn wieder, und dann ein zweites und ein drittes Mal. Bald hatte er ihn so oft gelesen, dass er ihn auswendig konnte.

Welchen Schaden könnte der Prediger anrichten? Vielleicht hatte Andy ja recht. Vielleicht brauchte er jemanden von der Außenwelt? Wieder wischte Tony den Dreck von dem Brief. Er hatte den Schmutz satt und all den Unrat. Vielleicht wäre es ganz schön, eine halbe Stunde aus diesem Sumpf herauszukommen. Der Gedanke an die Coca-Cola war eine große Versuchung. Er hatte auch gehört, dass man da Schokolade bekommen konnte. Was täte er für einen »Mars«-Riegel! Vielleicht sollte er doch einwilligen, dass dieser Michael Wright ihn besuchen darf. *Und schließlich*, so überlegte er, *wenn er irgendetwas Blödes macht, kann ich ihm ganz leicht eins auf die Schnauze geben.*

Tony rieb sich seine schmerzende Faust mit der anderen Hand und legte sich zum Schlafen nieder.

DER BESUCHER

Am folgenden Donnerstag wurde Tony in den Besucherraum nach oben gebracht. Dort herrschte der gleiche faulige Modergeruch wie im ganzen Gefängnis, aber die Luft war doch wesentlich frischer. Die Sonne schien durch die Fenster, und ihre Strahlen tanzten ausgelassen über die schlecht geweißten Wände, wenn sie von der Uhr oder dem Schlüsselbund eines Wärters reflektiert wurden. Ein alter Ventilator an der Decke blies – wenn auch etwas geräuschvoll – eine willkommene Brise durch die erstickende Hitze. Für einen Besucher bedeutete alles zusammen eine Zumutung, doch für einen Gefangenen, der gerade eben aus dem Sumpf da unten heraufgekommen war, schien es wie der Vorhof zum Himmel zu sein.

Tony sah sofort die kleine Kantine in der Ecke. Sein Hals schmerzte ihm in letzter Zeit unaufhörlich von all dem Staub und der Hitze. Er spürte seine trockene Zunge und blickte auf die anderen Gefangenen und ihre Besucher ringsumher.

Die Gefangenen saßen an der einen Seite eines schmalen Holztisches, deren Besucher auf der anderen. Viele der Männer hielten über dem Tisch die Hände ihrer Frauen, Freundinnen, Mütter und Kinder. Der Raum war erfüllt von eifrigen Gesprächen. Manche Frauen weinten, und die Kinder rutschten wegen der Hitze ruhelos auf ihren Stühlen herum.

Tony blickte auf den Platz ihm gegenüber. Wo steckte denn dieser Michael wohl? Zu seiner Verwunderung merkte Tony, dass er wegen des Besuchs aufgeregt war. Es war so lange her, dass er mit jemandem von draußen gesprochen hatte. Plötzlich wurde ihm bewusst, wie er wohl aussah. Es war schwierig, sich mit den stumpfen Klingen, die man ihnen gab, ordentlich zu rasieren, und er wusste, wie nötig er zum Friseur gehen musste. Er kam sich dumm vor. Was machte er hier eigentlich? Was erwartete Michael wohl von ihm? Tony kaute nervös an der Haut um seine dreckigen Fingernägel. Wieder blickte er auf die Getränkemaschine. Nein, das war doch alles Blödsinn! Er fand es töricht zu warten und war schon fast so weit, einem Wärter zu zeigen, dass er hier wegwollte. Da ging die Tür auf.

Ein großer bärtiger Mann wurde in den Raum geführt. Der Wärter führte ihn zu Tony und wies ihn an, sich ihm gegenüber hinzusetzen. Er hatte ein strahlendes Lächeln und trug einen Freizeitanzug aus Nylon, ein zerknittertes, buntes Hemd mit ein wenig zu kurzen Ärmeln. *Was für 'n Idiot!*, dachte Tony. *Der sieht aus wie der Weihnachtsmann auf Urlaub!*

»Tony, ich freu mich sehr, dich kennenzulernen. Ich habe schon viel von dir gehört«, sagte Michael mit deutlich nordirischem Akzent und streckte seine große, sonnengebräunte Hand aus. »Danke, dass du mir erlaubt hast, dich zu besuchen.«

Tony war auf der Hut. Was hatte er gehört? Was meinte dieser Kerl von ihm zu wissen? Er gab ihm die Hand, ohne Michael anzublicken. Der ergriff sie sogleich mit beiden Händen und schüttelte sie heftig. Das mochte Tony überhaupt nicht. Er wollte zwar nicht unhöflich sein, war Michael gegenüber aber höchst misstrauisch. Man hatte ihm stets beigebracht, niemandem zu vertrauen, und in den letzten Jahren hatte der dauernde Grimm diesen Argwohn noch genährt. Das Gefängnisleben hatte ihn noch misstrauischer gegen alles und jeden gemacht. Aus welchem Grund sollte Michael freundlich zu ihm sein? Warum kam er ganz aus Limassol hierher nach Nikosia? Zwei Stunden Fahrt, nur um ihn zu besuchen?

Michael spürte Tonys Ängste. »Tony, ich bin hier, um dir ein Freund zu sein«, sagte er immer noch lächelnd, sagte das aber sehr leise, fast flüsternd. »Du weißt, wer ich bin. Aber, Tony, ich bin nicht gekommen, um dir was vorzupredigen. Ich möchte nur ein Freund für dich sein …«

Tony blickte verächtlich hoch. *Klar, ganz klar!*, dachte er spöttisch, sagte aber nichts.

»Ich wollte dir nur sagen, dass es draußen Menschen gibt, die wirklich an dich denken«, fuhr Michael fort. »Jeder in unserer Gemeinde betet für dich, und wir wollen dich unterstützen, so gut wir können.«

Plötzlich brach jemand in Tränen aus. Ein junger griechischer Gefangener musste sich von seinen Eltern verabschieden. Beide, Vater und Mutter, weinten, und der Wärter musste die Umarmungen lösen, bevor er entschlossen den Gefangenen wegführte. Tony dachte an seine eigenen

Eltern. Die würden ihn nie und nimmer auf solche Weise besuchen. Er bezweifelte sogar, dass sie wussten, wo er steckte. Sie würden sich gar nicht die Mühe machen, ihn zu suchen. Das Geld, das er für sie gestohlen hatte, nahmen sie an – aber dann kümmerten sie sich nicht mehr um ihn. Wieder stieg die Wut in ihm hoch.

Er blickte etwas scheu zu Michael hinüber. Wer mochte das bloß sein? Tony focht einen inneren Kampf aus. Er hatte Lust, seinen Ärger an irgendjemandem auszulassen. Es wäre ganz einfach, sich diesen Prediger zu schnappen und ihm beizubringen, dass er sich nicht in Tonys Leben einzumischen hatte. Aber Tony atmete tief durch und versuchte, sich selbst zu beruhigen. Es wäre einfach ungerecht, Michael zu verprügeln – immerhin war er ein völlig Fremder, der sich die Mühe gemacht hatte, ihn zu besuchen. Tony begriff nicht, warum – aber Michael schien sich echt um ihn kümmern zu wollen.

Während der Kampf in Tonys Kopf tobte, hatte Michael zu sprechen begonnen. Zunächst achtete Tony wenig darauf. Er kämpfte mit seinem eigenen Ärger und seiner Verwirrung. Aber bald hatte er sich auf Michaels Geplauder eingestellt. Er gab sich wenig Mühe zu antworten, sondern hörte zu, wie der Prediger ihm einiges über sich und seine Familie erzählte. Es dauerte nicht lange, und die schrille Glocke zeigte an, dass die Besuchszeit zu Ende war. Michael stand langsam auf, und wieder strahlte er über das ganze Gesicht.

»Noch mal danke dafür, dass ich dich besuchen durfte, Tony«, sagte er und gab ihm noch einmal die Hand. »Wenn's dir recht ist, würde ich gern wiederkommen. Vielleicht am nächsten Donnerstag?«

Tony wusste nichts zu sagen, sondern nickte nur leise. Immer noch wich er Michaels Blicken aus.

»Gott segne dich, Tony. Ich freue mich, dich bald wiederzusehen.« Dann war er verschwunden.

Idiot!, dachte Tony und fluchte leise hinter ihm her. Er beobachtete, wie man den Prediger durch die Sicherheitstore hinausführte. *Was wollte der bloß?* Tony schüttelte den Kopf, als wenn er gar nicht glauben konnte, dass diese eigenartige Begegnung tatsächlich stattgefunden hatte. Er ließ den allerletzten Tropfen Coca-Cola in den Mund laufen und genoss das süße, kühle Gefühl in seinem Mund. Vielleicht hatte sich der Besuch trotz allem gelohnt.

Als der Wärter ihn wieder hinunter in die Zelle brachte, merkte Tony, dass er lächelte. Er wusste selbst nicht, warum. Vielleicht lag's an der Coca-Cola. Doch als der vertraute Gestank der grabesähnlichen Zellen ihn immer deutlicher grüßte, legten sich wieder Abscheu und Hass wie ein Mantel um seine Seele. Er stellte sich Michaels lächelndes Gesicht vor und wie er jetzt im Sonnenschein heimfuhr in sein perfektes Leben. Ihm kam es vor, als lachten die Gefängnismauern ihn aus, während man ihn nach unten abführte, tiefer und immer tiefer in die Grube der Verzweiflung. Er spuckte auf den Boden und schlug wütend auf die lachenden Wände ein.

EIN RETTUNGSSEIL

Am nächsten Donnerstag war Michael schon früh da. Sein Gesicht strahlte, als Tony aus der Finsternis in das Licht des Besucherraums trat. Michael genoss schon eine Coca-Cola und schob Tony eine zweite eiskalte Dose hin, als dieser sich setzte. Tony nahm das Getränk dankbar an und schlürfte in tiefen Zügen von der süßen Flüssigkeit, während Michael zu erzählen anfing.

»Na, schmeckt das nicht prima bei dieser Hitze?«, sagte Michael, rollte seine Ärmel hoch und wischte sich den Schweiß von der Stirn. »Weißt du, ich bin schon drei Jahre auf Zypern, aber ich kann mich immer noch nicht daran gewöhnen.«

Tony musste lächeln. »Du solltest mal die Hitze da unten erleben«, sagte er und zeigte dahin, woher er eben gekommen war.

Michael erzählte von allem, was ihm auf Zypern gefiel und was nicht. Als sich die Besuchszeit dem Ende näherte, merkte Tony, dass ihm das Zuhören Spaß gemacht hatte, obwohl er es sich selbst kaum eingestehen mochte. Die meiste Zeit hatte er nur stur auf den Tisch geblickt, aber während Michael erzählte, konnte Tony sich in seinem Kopf alles bildhaft vorstellen. Michael war wie ein Fenster zur Außenwelt. Tony sah einige von Michael beschriebene Personen aus dessen Gemeinde deutlich vor sich. Er konnte sich die Teenager vorstellen, die eine herrliche Freizeit in dem Camp auf den

Troodos-Bergen genossen hatten. Er konnte sich an den Geschmack des guten türkischen Kaffees erinnern, wenn Michael von seinen Besuchen in den *Kafeneions* berichtete. Michael konnte nicht viel Griechisch, und Tony lächelte bei dem Gedanken daran, wie Michael versuchte, mit den alten Griechen ins Gespräch zu kommen, die man immer und überall morgens in diesen traditionellen Kaffeestuben finden konnte.

Kurz bevor Michael ging, fragte er Tony, ob er für ihn beten dürfte. Tony wusste nicht, was er sagen sollte, so nickte er nur. Tony begriff nicht, was das bedeutete. Er hatte wohl Bilder in Büchern gesehen, wo Kinder mit geschlossenen Augen und gefalteten Händen vor ihren Betten knieten. Auch erinnerte er sich an Mr. Sizer, seinen Religionslehrer in der Schule, der mit ihnen ein Gebet durchgenommen hatte, das Jesus in einer Bibelgeschichte gelehrt hatte. Das war aber alles lange her, und nun saß Michael direkt vor ihm mit geschlossenen Augen und sprach, als wenn Gott ihm zuhören würde, als sei Gott hier bei ihnen im selben Raum.

Wie blöd!, dachte Tony. *Er redet so ins Blaue hinein.*

»… Herr Jesus, bitte, pass auf meinen Freund Tony auf. Danke, dass du ihn lieb hast. Bitte, gib ihm Geduld in diesen schwierigen Tagen … Amen«, schloss Michael.

Tony wurde nervös und fühlte sich unbehaglich. Er blickte umher, ob jemand sie belauschte, und wünschte, Michael würde bald abhauen.

Danach kam Michael jeden Donnerstag, Woche

für Woche. Zwischen den Besuchen schrieb er Tony oft und schickte ihm Bücher. Tony war dankbar dafür. Das Lesen vertrieb die Langeweile. Man konnte im Gefängnis leicht verrückt werden. Es gab tagaus, tagein so wenig zu tun. Tony kämpfte sehr darum, seinen Verstand rege zu halten, so lernte er von seinen Kameraden deren Sprachen, und nun waren Michaels Bücher wie ein Rettungsseil. Er musste sie aber sehr bewachen, denn die Blätter waren höchst begehrt bei den Gefangenen – um Zigaretten daraus zu drehen, als Toilettenpapier oder als Feueranzünder.

Mit der Zeit wurde Tony bewusst, wie sehr er sich auf Michaels wöchentlichen Besuch freute. Immer noch konnte er es nicht verstehen, aber wenn Michael jetzt betete, versuchte Tony, sich vorzustellen, dass einer, wer das auch immer sein mochte, tatsächlich zuhörte.

Wenn Michael aus irgendeinem Grund nicht kommen konnte, sorgte er dafür, dass ein anderer aus seiner Gemeinde ihn vertrat. Tony war eines Tages sehr erstaunt, dass eine kleine grauhaarige Dame auf ihn wartete.

»Ich heiße Valerie«, sagte sie und streckte ihm ihre faltige Hand entgegen.

Was muss in deren Kopf herumgehen, dass sie an einen Ort wie diesen kommt, um einen Menschen wie mich zu besuchen!, dachte Tony beschämt. Aber Valerie lächelte genauso zuversichtlich wie Michael.

»Du musst wissen, dass der Herr Jesus mich mein ganzes Leben lang so sehr gesegnet hat, junger Mann«, erzählte Valerie ihm. »Ich will nur von seiner Freundlichkeit weitergeben. Es muss für dich schrecklich hier sein. Aber ich möchte dir sagen, dass ich jeden Tag für dich bete, und es sind noch viele andere in unserer Gemeinde, die sich um dich sorgen.«

Sechs Monate früher hätten solche Reden Tonys Blut zum Kochen gebracht. Er war jähzornig und außerdem misstrauisch, wer diese Leute waren und was sie von ihm wollten. Aber Valerie war so nett, so lieb zu ihm! Sie blickte ihn so an, wie er es bei manchen griechischen Müttern gesehen hatte, wenn sie ihren Sohn hier im Gefängnis besuchten. Tränen standen ihr in den Augen, als sie sich verabschiedete, und trotzdem verließ dieses wunderbare Lächeln sie nie.

Tony hatte vorher niemandem von seinen Straftaten erzählt. Obwohl sein Name in allen Zeitungen gestanden hatte, wusste keiner, wer er wirklich war. Konnten Leute wie Valerie oder Michael damit fertig werden, wenn sie erfuhren, welch schreckliche Untaten er begangen hatte? Die Räubereien waren eine Sache – aber die Art, wie er die Leute zusammengeschlagen, ihnen die Gliedmaßen gebrochen und sie zu lebenslangen Krüppeln gemacht hatte, war noch etwas ganz anderes. Und dieser Gott, dieser Jesus, von dem sie redeten, der müsste dann alles wissen, wenn es ihn wirklich gab. Tony würde niemals so werden wie diese »Bibel-Typen«. Das waren gute Menschen, aber mit einem wie Tony würde Gott doch nie etwas zu tun haben wollen.

Tony verabscheute sich, und er hasste, was er

getan hatte, was aus ihm geworden war. Es gab Tage, an denen er meinte, so weggesperrt im Gefängnis verrückt werden zu müssen. Trotzdem glaubte er, das verdient zu haben. Nie würde er das abstreiten. Die meisten Gefangenen murrten über ihr Urteil, aber Tony glaubte: Selbst wenn er lebenslang eingesperrt bliebe, hätte er das verdient. Was sollte er auch da draußen überhaupt noch? Seine Familie hatte kein Interesse an ihm. Aiya war tot. Nicht einmal sein Kung Fu war mehr das, was es einmal war. Manchmal, wenn er als Bodyguard den ganzen Tag beschäftigt war, blieb er trotzdem die ganze Nacht auf, um seine Tai-Chi-Übungen und Meditationen abzuwickeln. Jetzt, wo er so schrecklich viel Zeit hatte, machte er fast nie eine seiner Übungen, und er hatte weder Geduld noch Ruhe zum Meditieren.

Beim Meditieren ging es immer um »Erleuchtung«. Das funktionierte wohl nur, wenn im Leben alles glattging. Aber unter den Bedingungen der Gefängniszelle brachte die Religion seines Großvaters ihm gar nichts. Immer weniger konnte er daran glauben. Wenn es überhaupt Erleuchtung gab, dann war Tony meilenweit davon entfernt, sie zu erreichen.

Jedes Mal, wenn Tony die Augen schloss, wurde er von den schmerzlichen Szenen aus seiner Vergangenheit gehetzt. Meistens wachte er schon wütend auf. Er musste in seiner Koje liegen und rauchen, bis die Tür geöffnet wurde und er sich den anderen anschließen konnte für den Frühstücksbrei.

Jetzt war es anders. Tatsächlich kam sich Tony wütender vor als gewöhnlich. Er dachte über Michael Wright nach. Der Prediger sollte ihn am Nachmittag wieder besuchen. Am Anfang der Woche hatte er Tony eine Bibel geschickt. Tony hatte versucht, ein wenig darin zu lesen, aber er war bald irgendwie frustriert, und nun lag sie in der Ecke, gleich neben dem Abfalleimer. Gestern Abend hatte Tony sie in seiner Rage dorthingeschmissen.

Michael betreibt Gehirnwäsche an mir, dachte Tony und zerdrückte ärgerlich seinen zweiten Zigarettenstummel an der Mauer, um sich eine dritte Zigarette anzuzünden. *Ja, das will er. Ich soll mich einer komischen Religion anschließen, oder so was. Davon hab ich früher schon mal was gehört.* Während er so darüber nachdachte, wurde er immer böser. *Warum wäre er sonst so nett zu mir?*, überlegte er. *Vielleicht glaubt er, ich hatte etwas Geld beiseiteschaffen können. Das soll ich wohl seiner blöden Gemeinde geben*, dachte er weiter und begann, in seiner Zelle hin und her zu stapfen.

»Los, macht schon auf!«, rief er den Wärtern entgegen und schlug gegen die Tür. Einer der Wärter schimpfte zurück, fluchte und sagte ihm, er solle das Maul halten. Tony erkannte die Stimme. Es war die Stimme des Wärters, den er am meisten hasste. Der war nicht normal. Der freute sich, wenn er Gefangene leiden sah. Es war bekannt genug, dass wenn er Dienst hatte, jederzeit ein Kampf ausbrechen konnte. Er blickte nie hin, wenn irgendwo Blut floss.

Tony fluchte auf Griechisch zurück. Nun wusste er, dass er als Letzter herausgelassen werden würde.

Hin und zurück stapfte er und dachte an Michael Wright. Er konnte ihn lächeln sehen. *Er lacht mich aus!*, dachte Tony. *Ja, genau! Der ist genauso verrückt wie der Wächter da draußen. Er weidet sich daran, Menschen leiden zu sehen. Na, gut, ich werde ihm eine Lektion erteilen. Heute Nachmittag will ich ihm die Chance geben, mir die Wahrheit zu sagen. Er soll raus mit der Sprache, warum er mich auf diese Weise besucht. Wenn er mir keine vernünftige Antwort gibt, werde ich ihm sein Gesicht kaputt schlagen.*

Endlich drehte sich der Schlüssel im Schloss. Tony sprang auf und kämpfte den Drang nieder, dem Wächter die Faust ins Gesicht zu knallen.

Tony saß allein beim Frühstück. Er trank den kalten Kaffee, ließ aber die Schüssel mit dem klumpigen Haferbrei unberührt. Er wollte heute mit niemandem reden. Er wollte allein bleiben, ganz allein – bis zur Besuchszeit. Dann wollte er sich Michael vorknöpfen.

DIE WAHRHEIT

Am Nachmittag kochte Tonys Blut. Den ganzen Tag hatte er über den sogenannten Freund nachgedacht. Nein, Michael war kein Freund. Er wollte was von ihm – da war sich Tony sicher. Heute wollte er Michael zur Rede stellen, um herauszufinden, was hier gespielt wurde, ein für alle Mal.

Der Besucherraum war voll von griechischen Familien. Gewöhnlich störten sie Tony, aber heute interessierte ihn nur eins. Er trommelte mit den Fingern auf den Tisch vor ihm. Er stellte sich Michaels grinsendes Gesicht vor und überlegte, was er ihm antun wollte. Es wäre leicht, ihn bei seinem Bart zu schnappen und über den Tisch zu ziehen. Gut. Man würde ihn wieder in das »Loch« sperren – aber er hätte Michael doch die richtige Lektion erteilt. Das wäre die Sache wert.

Wo blieb er? Warum ließ Michael ihn warten? »Er spielt mit mir, ausgerechnet heute«, flüsterte Tony zu sich selbst und biss die Zähne zusammen. Sein Blut rollte wild in seinen Adern.

Die Tür ging auf, und Michael trat herein. Er sah erhitzt und aufgelöst aus.

»Tony, es tut mir leid«, begann er, »der Verkehr in Nikosia war heute fürchterlich …«

Michael hörte mitten im Satz auf, weil er sofort Tonys Zorn bemerkt hatte.

»Tony, was ist los?«, fragte er beunruhigt und zog seinen Stuhl näher an den Tisch heran.

Tony sagte nichts und weigerte sich, Michael ins Gesicht zu blicken.

Das ist gut, dachte er, und das Ungeheuer in ihm raste. *Komm ruhig näher heran, dann kann ich dich leichter packen!*

»Tony? Was ist los?«

»Warum kommst du immer her, Michael?«, sagte Tony endlich, und Feindseligkeit sprach aus jeder Geste.

»Du weißt warum, Tony«, sagte er ruhig und lehnte sich zurück. »Ich besuche dich, weil Jesus, weil Gott will, dass ich dir von ihm erzähle.« Er hielt inne.

Sollte ich ihn mir jetzt schon schnappen?, fragte sich Tony.

Los, schlag zu!, drängte das Ungeheuer in ihm.

Nein, noch nicht, überlegte er. *Eine Chance soll er noch haben.*

»Gott liebt dich, Tony«, sagte Michael.

Tony fluchte. Dann sagte er: »Meinetwegen. Wenn es deinen Gott wirklich gibt, warum lässt er sich dann nicht blicken oder tut irgendwas?«

»Er hat schon was getan! Er ist dabei, auch jetzt im Augenblick. Was meinst du wohl, warum ich all die Monate hierhergekommen bin, Tony? Und warum haben dich Valerie und die anderen alle besucht?«

»Eben das will ich wissen!«

»Sie wollten dir Gott zeigen, seine Liebe und wie er um dich besorgt ist.«

»Ah, dann ist dieser Gott das Hähnchenbein oder all das andere, was du mitgebracht hast?«, höhnte Tony sarkastisch. »Kann er nicht mal selbst aufkreuzen? Warum sollte ich an ihn glauben, wenn ich ihn nicht mal sehen kann?«

»Glaubst du an die Schwerkraft, Tony? Oder glaubst du an den Wind – oder die Liebe?«

Tony zögerte. Er fragte sich, worauf das hinauslief.

»Das tust du, oder etwa nicht?«, fuhr Michael fort. »Nur weil du diese Dinge nicht sehen kannst, bedeutet das doch nicht, dass es sie nicht gibt. Ich kann dir zeigen, dass Gott existiert, Tony, weil ich dir zeigen kann, wie viel ihm an dir liegt und wie lieb er dich hat.«

Tony fühlte sich scheußlich unbehaglich. Dieses Wort »Liebe« ärgerte ihn. Bevor Aiya kam, hatte er sie nie erlebt. Seine Eltern hatten ihm nie gesagt, dass sie ihn liebten. Sie hatten ihm auch nie gezeigt, dass sie es taten. Jowmo hatte manchmal Herzlichkeit gezeigt – aber seit er nach China kam, wurde ihm jeder Gedanke an Liebe von seinem Großvater ausgeprügelt. Als Aiya in sein Leben trat, hatte sie seine Welt auf den Kopf gestellt. Sie hatte ihm gesagt, dass sie ihn liebte, und damals hatte er die Liebe zum ersten Mal kennengelernt. Das war nicht nur eine kindische Romanze, das war etwas viel Tieferes. Aiya hatte ihn fühlen lassen, dass er begehrt, dass er etwas Besonderes war, so wie er es vorher nie empfunden hatte. Ja, es war wunderbar. Aber sie ist nicht mehr ... Seitdem war die Liebe aus seinem Herzen gerissen, und er konnte die Leere und die Einsamkeit und den Schmerz fast nicht ertragen. So hatte er sich selbst wieder hart gemacht. Lowsi hatte recht: Tony brauchte nichts und niemanden, nichts als seine innere Kraft.

»Gut, Michael, ich habe gehört, was du gesagt hast. Aber selbst wenn es deinen Gott gibt, dann gibt es doch keinerlei Grund, warum er etwas mit mir zu tun haben wollte. Du hast ja keine Ahnung, was ich alles angestellt habe …«

»Nein, Tony, da liegst du falsch«, unterbrach Michael ihn. »Na klar, du sitzt hinter Gittern, man hat dich wegen deiner Verbrechen erwischt, und die Leute halten dich für einen bösen Menschen. Aber hör zu: In Gottes Augen besteht zwischen dir und mir kein Unterschied.«

»Was? Du bist doch ein Gutmensch vom Scheitel bis zur Sohle, Gottes Liebling!«

Michael wurde ernst. »Die Bibel sagt uns, dass niemand vollkommen ist, Tony. Darum hat Gott Jesus geschickt. Gott konnte mit uns nicht zusammenkommen, weil wir so fehlerhaft sind. Es ist wie mit einem weißen Hemd. Wenn du auch nur einen kleinen schwarzen Tintenfleck draufspritzt, ist das Hemd ruiniert. Da kommt es nicht darauf an, ob der Tintenklecks groß oder nur winzig klein ist. Das weiße Hemd ist in jedem Fall verdorben.«

»Wieso?«

»So hat Gott uns geschaffen. Er will unser Freund sein, Tony. Er verlangt danach, dass wir ihn so lieben, wie er uns liebt, und er will uns ewig bei sich haben, wenn wir sterben. Darum hat er seinen Sohn gesandt, um einer von uns zu werden.«

Tony schüttelte den Kopf. Was sollte dieses Geschwafel bloß bedeuten?

»Als Jesus auf die Erde kam, war er ganz vollkommen«, sagte Michael, »aber er wurde umgebracht. Er starb den furchtbar schrecklichen Tod am Kreuz und nahm alle unsere Strafe auf sich, die du und ich – und jeder von uns – verdient haben. Er war ein unschuldiger Mensch – aber er nahm freiwillig das Todesurteil an für die Menschen, die er so lieb hatte. Es war, als hätte er deine Stelle eingenommen, damit du frei ausgehen kannst.«

Michael ließ seine Worte nachklingen. Er hatte gemerkt, dass Tony anfing zuzuhören. »Du hast jetzt freie Wahl, Tony. Und dann wirst du, statt in der nie endenden Strafe gänzlich zu verrotten, wie du es verdient hättest, auch einen Platz im Himmel bekommen, wenn du stirbst. Natürlich nur, wenn du dich entscheidest, das Angebot anzunehmen. Hast du schon darüber nachgedacht, Tony?«

»Die Hölle kann auch nicht viel schlimmer sein als das«, murmelte Tony und zeigte zum Gefängniseingang, doch schauderte ihn bei der Vorstellung. Er hatte noch wenig darüber nachgedacht, doch nun kam er ins Fragen. *Was passiert, wenn ich sterbe? Ganz sicher, da wird gar nichts sein, oder? Vielleicht schläft man nur.* Tony gefiel dieser Gedanke aber auch nicht sehr, denn jede Nacht wurde er von Albträumen geplagt. Dass es ein Leben nach dem Tod gab, schien ihm vernünftig zu sein. Es konnte doch nicht alles einfach in Schwärze enden?

»Es ist so: Wir begingen die bösen Taten, und er bekam die Strafe dafür.« Michael lächelte. »Um

Jesu willen kann Gott uns alles vergeben, was wir getan haben – egal, ob es ein bewaffneter Raubüberfall oder das ›Mitgehenlassen‹ eines Bleistifts in der Schule ist. Nur Gott kann uns von der Strafe freisprechen, die wir verdient haben, Tony. Alles, was du tun musst, ist, ihm zu sagen, dass es dir leidtut und dass du ihn um Vergebung bittest. Denk immer an das weiße Hemd. Stell dir vor: Jesus macht es ganz sauber, kein Tintenfleck ist mehr zu sehen, es ist einfach ein perfekt weißes Hemd, sogar in Gottes Augen perfekt.«

Tony war noch nicht überzeugt. Er konnte immer noch nicht glauben, dass jemand ihm die schrecklichen Taten vergeben wollte, die er begangen hatte – aber Michaels Reden von Freiheit hatte ihn tatsächlich erreicht.

»Du redest von Freiheit, Michael, aber sieh mich an«, stieß Tony heftig hervor. »Wie kann ich frei sein?«

»Du bist es nicht. Aber lass mich dir was sagen. Es sind nicht die Gitterstäbe des Zentralgefängnisses von Nikosia, die dich gefangen halten. Selbst wenn du heute Abend ausbrechen würdest, wärst du immer noch nicht frei.«

»Selbstverständlich wäre ich das! Was redest du da?«

»Nein, Tony, nie würdest du frei von dir selbst werden. Nie wirst du die Freiheit erleben, die Gott dir geben kann, solange du nicht glaubst und akzeptierst, was ich dir über Gottes Sohn, über Jesus, sage. Die Bibel sagt uns, dass wenn Gottes Sohn dich frei macht, du wirklich frei sein wirst. Das kannst du mit nichts vergleichen, was du jemals kennengelernt hast.«

Tony ballte verärgert die Fäuste. Er hatte Lust, sich jetzt und hier den Weg aus diesem stinkenden Ort freizukämpfen. Dann würde er wissen, was Freiheit ist!

»Denke darüber so, Tony: Du hast schon dein ganzes Leben lang ein großes Loch in deinem Innern, das du zu füllen versuchst. Du hast dich immer angetrieben, überall der Beste zu sein. Höchstwahrscheinlich wirst du nach deiner Entlassung wieder hart arbeiten, einen guten Beruf ergattern und vielleicht sogar Freunde finden. Du wirst viel Geld verdienen, du wirst dir ein tolles Haus bauen und ein Auto, den besten Computer, Mobiltelefon … all dieses Zeug haben. Aber ich garantiere dir: Nichts wird dich glücklich machen. Das Loch wird immer noch da sein.«

»Na, das würde ich aber gerne mal ausprobieren wollen!«, sagte Tony sarkastisch und erinnerte sich an seine frühere Zeit als Bodyguard. Da hatte er alles. Aber Michael hatte recht: Er wollte immer nur noch mehr. In ihm war immer etwas, was niemals vollständig war. Immer jagte er hinter etwas Neuem her, immer musste er sich selbst beweisen. Und was hat es alles zusammen eingebracht? Man brauchte ihn ja bloß anzusehen!

»Weißt du, die Menschen sagen, dass dieses Loch von Gott geschaffen ist, und nur Gott kann es ausfüllen. Nur er kann dich wahrhaft glücklich machen. Ich verspreche dir: Wenn Gott dich frei macht, ist es egal, auf welcher Seite der Gitterstäbe du bist. Dann hast du einen Frieden im Herzen, den niemand dir nehmen kann.«

Plötzlich erklang die Glocke. Die Besuchszeit war vorüber.

Tony sah, wie ein bekümmerter Blick in Michaels Gesicht lag. Michael lehnte sich nach vorne, sodass sich ihre Gesichter fast berührten.

»Du hast ganz allein die Wahl. Du kannst bleiben, wie du bist – aber wenn du dein Vertrauen auf Gott setzt, wirst du erstaunt sein, was er für dich tun wird. Er wird dich nie fallen lassen. Er ist ein Vater, der dich liebt und immer für dich da sein will. Egal, wie viel ich oder ein anderer sich um dich kümmert: Da wird es immer Zeiten geben, wo wir dich fallen lassen, wenn wir dich enttäuschen oder dich verletzen. Gott wird das niemals tun. Bitte, Tony, entscheide dich. Tu es jetzt, heute.«

Tony wusste nichts darauf zu sagen. Er fühlte Michaels Verzweiflung. Plötzlich wollte er ihn verstehen. Er wollte nicht ärgerlich sein – aber schon wieder entbrannte in seinem Innern ein schwerer Kampf.

»Tony, ich weiß, das ist alles nicht so leicht zu verstehen«, sagte Michael, »aber alles, was du tun musst, ist, mit Gott zu reden, entweder laut oder in deinem Herzen. Nur ehrlich muss es sein. Rede nur mit ihm und werde bereit, dich von den Dingen abzuwenden, die in deinem Leben nicht in Ordnung sind. Ich weiß, es gibt Dinge, die man selbst nicht ändern kann – aber Gott wird dir helfen, wenn du bereit dazu bist und ihn bittest. Mach Gott zu der wichtigsten Person in deinem Leben,

Tony, erkenne ihn als deinen Chef an, als deinen Meister, dann wird er dir helfen. Er wird dir zeigen, wie wertvoll du ihm bist und wie schön dein Leben werden kann.«

Tony blickte auf die Tischplatte.

»Mein Freund, ich hätte dir noch viel zu sagen – aber jetzt ist es eine Sache zwischen Gott und dir.«

Der Raum begann sich zu leeren.

»Alles, was du tun musst, ist, an ihn zu glauben, Tony, bitte!«

Tony öffnete den Mund und wollte etwas sagen – aber er brachte kein Wort heraus.

Michael begann zu beten: »Herr Jesus, ich danke dir dafür, dass du hier bei uns im Gefängnis bist. Danke, dass du Tony so lieb hast. Ich bitte dich darum, dass er deine Liebe bald annehmen wird. Amen.«

Ein Wärter kam herüber und drängte Michael zum Gehen. Tony mochte nicht aufblicken. Er fühlte sich unbehaglich.

»Tony, bis nächste Woche«, sagte Michael noch leise, während er aus dem Raum ging.

Tony sagte nichts.

DIE ZÄHMUNG DES TIGERS

Tony eilte wieder in seinen Gefängnisflügel zurück. Michaels Worte wirbelten ihm durch den Kopf. Der Gestank dort unten schien heftiger als sonst zu sein. Einer der anderen Männer weinte, schrie und führte laute Selbstgespräche. All das wurde als Echo von den kahlen Mauern zurückgeworfen und quälte Tonys gemartertes Hirn noch mehr.

Als er zu seiner Zelle kam, trödelte vor der Eisentür einer der Verrückten herum. Als Tony vorbeieilte, drückte der Mann seine Zigarette kräftig in Tonys Arm und fügte ihm so eine tiefe Brandwunde zu. Tony sprang zurück und griff dem Kerl in die Haare, dann schlug er dessen Gesicht gegen die Mauer. Eine wahnsinnige Wut regnete wie ein Hagelschauer auf ihn nieder, und er schlug den Mann bis fast zur Bewusstlosigkeit.

Als er wieder in der Zelle war, begann Tony zu zittern. Er schritt in seiner Zelle auf und ab und versuchte seine Fassung zurückzugewinnen. Michaels Worte gingen ihm immerzu im Kopf herum. Er kniff die Augen ganz fest zu und bedeckte die Ohren mit seinen Händen. Damit versuchte er diese Worte abwehren, aber sie wollten nicht verschwinden. Seine Hände rochen nach Blut, und draußen konnte er immer noch den Mann wimmern hören, den er zusammengeschlagen hatte. Plötzlich kam ihm Aiya in den Sinn und wie sie die Menschen mit ihren Händen »sah«. Er erinnerte sich an ihre zarte Berührung seines Gesichts bei der ersten Begegnung. Er stellte sich vor, was sie »gesehen« hätte bei diesem zerschmetterten und blutenden Gesicht des Mannes da draußen. Was würde Aiya jetzt von ihm denken? Sie war der einzige Mensch, der ihn jemals geliebt hatte, aber ihm war klar, dass sie ihn hassen würde für das, was er eben getan hatte.

Tony warf sich aufs Bett und zog das Kissen um seine Ohren, damit er die Geräusche da draußen nicht mehr hören musste. Und immer noch waren Michaels Worte da: »Gott liebt dich, Tony ...« Unaufhörlich gingen ihm diese Worte durch den Kopf. Obwohl Tony darum kämpfte, sie auszuschalten, wirkten sie im Lauf der Zeit eigenartig besänftigend. Tonys Atem wurde ruhiger, und die Worte wurden deutlicher denn je. Und immer mehr dieser Worte fielen ihm ein, wie: »Gott liebt dich so sehr, dass er seinen Sohn gesandt hat, damit er für dich stirbt.« Sie schienen wie Regentropfen in sein Gemüt zu dringen. ... »Du wirst befreit werden ... Wirklich, du wirst frei werden ... alles, was du tun musst, ist, zu glauben ...«

»Aber wie?«, rief Tony laut, als wolle er genauso laut zurückrufen, wie die Worte in seinem Kopf erklangen. »Wie fang ich das bloß an?«

Wie eine Antwort erschien in seinem Geist plötzlich das zerschlagene Gesicht des Mannes draußen vor seiner Zelle. Da schrie Tony so laut er konnte: »Entschuldige! O, mein Gott ... Es tut mir furchtbar leid!«

In diesem Augenblick brachen alle Schleusen. In seinem Innern schien wie ein Blitz ein Film abzulaufen, der ihm sein ganzes Leben zeigte. Tony sah jeden Einzelnen, den er geschlagen oder verletzt hatte. Es war, als stürze er durch einen abscheulichen Tunnel, von äußersten Qualen gehetzt.

»Es tut mir leid«, jammerte er immer wieder aufs Neue. Dann wechselten die Worte: »Gott, wenn du da bist, bitte, vergib mir!« Er weinte.

Der Film lief jetzt schneller. Tony bemühte sich, ihn langsamer laufen zu lassen, damit er sich an alles, an jede Untat erinnern und jedes Mal ausrufen konnte, wie leid ihm alles tat. Nach Luft schnappend, wurde ihm bewusst, dass seine Schreie immer lauter und verzweifelter wurden. Er presste sein Gesicht ins Kissen, bis es ganz nass von Tränen war. Aber immer noch weinte er und bat Gott um Vergebung für *alles*.

Stunden vergingen.

Als Tony das nächste Mal den Kopf hob, war es finster in der Zelle. Die Tür war abgeschlossen, und es herrschte Ruhe im Gefängnis. Als er nach oben blickte, konnte Tony durch das winzige Fenster den Mond am Nachthimmel stehen sehen. Seine Augen blieben an den Gitterstäben hängen und an dem Kreuz, das sie dort bildeten, wo sie zusammenstießen. Er besann sich auf das, was Michael von Jesu Tod am Kreuz gesagt hatte. Was war das doch noch? ... Ja, weil Jesus starb, konnte er befreit werden. Tony wusste immer noch nicht, ob er das richtig verstanden hatte. Aber jetzt wusste er irgendwie, dass es stimmte.

»Ich glaube an dich«, flüsterte Tony leise. »Ja, ich glaube bestimmt, dass du mich retten kannst. Danke, Jesus!«

Das war ein schlichtes Gebet. Und zum ersten Mal in seinem Leben schlief Tony tief und friedlich.

Am nächsten Morgen schien alles verändert zu sein. Denn solange er zurückdenken konnte, war Tony ärgerlich – über seine Eltern, über Lowsi, über die Raufbolde in der Schule, und die Liste ging immer weiter. Jetzt war dieser Zorn verflogen. Er fühlte sich innerlich zufrieden. Auf seinem Bett sitzend, blickte er durch das kleine Fenster. Es war ein schöner, sonniger Tag. Tony fiel auf, dass er in den letzten Monaten sogar aufgehört hatte, nach draußen zu blicken. Er hatte dem strahlend blauen Himmel und den vorüberfliegenden Vögeln keinerlei Beachtung mehr geschenkt.

Er empfand eine eigenartige Wärme, obwohl die Sonne die Mauern des Gefängnisblocks doch erst erwärmen musste. Er legte sich noch einmal hin und dachte an den gestrigen Tag, an Michael und an die seltsamen Dinge, die am Abend geschehen waren.

Plötzlich hörte er, wie die Tür aufgeschlossen wurde. Er sprang auf und erblickte eine Zigarettenschachtel auf dem Boden. Seltsam, er hatte heute Morgen überhaupt nicht ans Rauchen gedacht, er hatte nicht einmal das Bedürfnis danach. Er lächelte, schüttelte überrascht den Kopf und versetzte der Schachtel einen Tritt. Nein. Er fühlte sich wohl ohne sie. Er brauchte keine.

Ein riesiger, rothaariger Kerl stand draußen vor

der Tür. Tony wusste, dass er Ärger bekommen konnte. Sie waren sich schon oft in die Haare geraten. Tonys Geist schaltete auf den gestrigen Abend zurück, auch sah er, dass auf dem Boden des Flurs noch Blut war. Er bekam einen bitteren Geschmack in den Mund. Tony machte einen vorsichtigen Schritt nach vorn, und sogleich flog der Mensch herum, lachte und stieß Tony eine brennende Zigarette in den Arm.

Tony blickte ihm nur direkt ins Gesicht, wischte die Asche vom Arm und ging fort.

Zu seiner Verwunderung stellte Tony im Frühstücksraum fest, dass an seinem Arm nichts war – kein Brandfleck, kein Schmerz, nichts. Sorgfältig untersuchte er die Stelle, wo die Wunde hätte sein müssen. Aber da war nichts! Was war das denn?

Tony begann darüber nachzudenken, was Michael ihm während seiner Besuche alles erzählt hatte. Eines Tages war er sehr aufgeregt angekommen und erzählte Tony, er sei fast in einen hässlichen Verkehrsunfall geraten. Tony konnte sehen, dass Michael immer noch ganz aufgeregt und nervös war. »Tony, ich danke Gott für seine Bewahrung«, hatte er gesagt. »Es gab für mich gar keine Möglichkeit, dem Lastwagen auszuweichen. Ich glaube wirklich, dass Gott für mich aufgepasst hat, damit ich heute hier sein kann.«

Dann fielen Tony die Religionsstunden in der Schule ein. Mr. Sizer hatte ihnen davon erzählt, dass Jesus Leute geheilt und Tausende mit nur ein paar Broten und wenigen Fischen gespeist, ja, Tote auferweckt hatte. Tony gefielen diese Geschichten. »Wunder« hatte Mr. Sizer sie genannt. War das derselbe Jesus? War es wegen diesem Jesus, dass seinem Arm eine eklige Brandwunde erspart worden war? Tony untersuchte seine Arme und sah Narben von anderen derartigen Angriffen. Die von der Nacht zuvor war immer noch geschwollen. Aber etwas Neues war ganz bestimmt nicht da.

Tony lächelte in sich hinein, dann lachte er. Er konnte nicht anders. Jetzt kicherte er wie ein Kind. Einige andere Gefangene blickten zu ihm herüber, meinten aber nur, er werde jetzt wohl auch verrückt werden, wie schon viele vor ihm.

Was war das bloß? Freude. Richtig tiefe, tiefe Freude. Sie kam von innen heraus und ließ alles in ihm klingen. Tony ergriff die Tischplatte vor sich, weil er fürchtete, er würde gleich aufspringen und tanzen. Er erinnerte sich daran, dass Michael von der Freude erzählt hatte, die man bei Jesus finden könnte. Er hatte von der »Fülle des Lebens« gesprochen. Bisher hatte Tony ihn nicht verstanden, doch jetzt begann Tony so langsam zu verstehen. An Jesus zu glauben, war nicht nur eine Angelegenheit fürs Jenseits, nicht etwas, was sich erst ereignete, wenn man starb. Jetzt endlich begriff Tony, was Michael ihm all die Monate klarmachen wollte. Mit Jesus in seinem Leben war Tony frei, jetzt, heute! Selbst wenn er im Gefängnis saß. Selbst wenn er nichts besaß. Selbst wenn sein Leben äußerlich ganz elend war, fühlte er sich glücklicher als je zuvor im Leben!

Ein Wunder? So musste es wohl sein.

EIN WUNDER!

Tonys neu gefundene Freude nahm auch in den folgenden Tagen kaum ab, obgleich das Leben im Gefängnis so hart wie immer war. Sie wirkte sogar ansteckend.

Eines Tages saß Tony in der Bücherei. Die hieß zwar so, aber es waren kaum Bücher vorhanden. Sie waren mit den Jahren verschwunden und in den Wintern zum Heizen benutzt worden. Außerdem war es ein dunkler, schmutziger Raum, in dem überall »schmutzige« Zeitschriften herumlagen. Kaum jemand ging dorthin, doch jetzt genoss Tony die Stille. Viele Stunden verbrachte er dort, um mehr über Gott und Jesus zu lernen, indem er in der Bibel las. Er schrieb an Michael Briefe auf jedem Fetzen Papier, dessen er habhaft werden konnte. Als sie sich anfangs trafen, hatte Michael versprochen, Tony nichts vorzupredigen. Jetzt hungerte Tony nach Michaels Weisheit. Er hatte so viele Fragen.

»Was machst du denn hier?«, fragte Shane.

Tony blickte überrascht auf. Er hatte gar nicht bemerkt, dass der dünne Mann aus Sri Lanka in die Bücherei gekommen war.

»Mensch, du grinst ja übers ganze Gesicht.«

»Tatsächlich?«, sagte Tony, immer noch strahlend.

»Na, ich beobachte dich schon seit Tagen. Du hast wohl neue Drogen besorgen können oder so was?«

»Wie bitte?« Tony wusste, was Shane meinte. Shane betätigte sich nämlich als Drogendealer. Es gab nicht viel, was er nicht wusste über diese illegalen Stoffe. Er hatte vieles ausprobiert und war hochgradig süchtig.

Tony wurde ganz aufgeregt. Konnte er Shane die Wahrheit sagen? Warum denn nicht?

»Jesus«, hörte er sich plötzlich sagen.

»Was? Nie von gehört«, antwortete Shane. »Ist wohl ein neues Wort für ›Crack‹, oder?«

»Nein«, sagte Tony und lachte laut. »Hör zu! Es wird dir verrückt vorkommen – aber ich glaube jetzt an Jesus. Gestern Abend habe ich zu ihm gebetet und mich nie glücklicher gefühlt.«

Tony überdachte, was er eben gesagt hatte. Es stimmte – aber es klang ein bisschen dumm. Jetzt zerbrach er sich den Kopf, wie er Shane die Sache so erklären konnte, dass dieser sie verstehen konnte. Shane schaute sich um und prüfte, ob auch niemand sie beobachtete, bevor er ein kleines Päckchen und eine Nadel hervorholte. Das brachte Tony auf den richtigen Gedanken.

»Pass auf, Shane, du hast diesen Stoff nicht nötig.« Shane blickte ihn aus hohlen, rot geränderten Augen an. Tony sprach weiter: »Jedes Mal, wenn du dir einen Schuss gesetzt hast, fühlst du dich ›high‹, nicht wahr?«

»Na, klar, Mann«, antwortete Shane und öffnete vorsichtig die Packung und roch an dem Inhalt.

»Aber das gute Gefühl verschwindet bald, oder? Dann brauchst du neue Drogen und immer mehr davon. Das ist kein Glück, Shane, das ist Abhängigkeit.«

»Meinst du, ich wüsste das nicht?«, sagte Shane gelangweilt.

»Aber Jesus kann dich davon frei machen. Er hat es bei mir getan.« Tony fuhr fort und erzählte Shane, was Michael ihm gesagt hatte. Zu Tonys Erstaunen hörte Shane aufmerksam zu. Er stritt nicht, wie Tony es bei Michael getan hatte. Er wollte einfach nur verstehen.

»Stopp mal!«, unterbrach Shane ihn einmal. »Ich verstehe, dass Gott heilig und vollkommen und all das ist, aber wohin gehört Jesus?«

Tony dachte eine Weile nach, dann begann er, Shane die Geschichte zu erzählen, die er von Michael gehört hatte. »Stell dir zwei Jungen vor, die als gute Freunde immer zusammen waren.«

»Ja, und dann?«

»Na, all die Jahre hielten sie zusammen. Aber als sie erwachsen waren, geriet der eine in schlechte Gesellschaft. Der andere arbeitete fleißig und erhielt eine gute Ausbildung. Schließlich wurde er ein hoher Richter. Während dieser Zeit begann der andere mit kriminellen Machenschaften. Schließlich schnappte man ihn und brachte ihn vor Gericht. Der Richter war sein alter Freund, doch erkannte der Angeklagte ihn zuerst nicht. Der Richter aber hatte sofort gemerkt, dass der arme Mensch vor ihm sein ältester und liebster Freund war, den er immer noch lieb hatte.«

»Was geschah da?«, fragte Shane interessiert.

»Nun, der Mann war eindeutig schuldig, und

der Richter hatte ihn zu bestrafen. Das war, was er verdient hatte.«

»Klar, seh ich ein.«

»Ja, aber nun kommt's«, lächelte Tony. »Der Richter wusste, dass er ihn ins Gefängnis schicken oder eine hohe Geldstrafe verhängen musste, von der er wusste, dass sein Freund sie niemals bezahlen konnte. So verkündete er das Urteil. Dann zog er sich zum Erstaunen des Gerichts seine Robe aus, legte die Perücke ab und setzte sich auf die Anklagebank zu seinem Freund. Dann zog er sein Scheckbuch und stellte einen Scheck in Höhe der Strafe aus.«

Tony hielt inne und erlaubte Shane, über das Gehörte nachzudenken.

»Dann hat also der Richter die Strafe für seinen alten Freund bezahlt?«, fragte Shane.

»Ja, aber noch mehr als das«, sagte Tony. »Er war der Richter, so durfte er den Mann nicht laufen lassen, nur weil er ihn kannte und ihn liebte. Wegen seines Richteramtes war er gehalten, darauf zu achten, dass das Urteil verkündet und vollstreckt wurde. Aber weil er den Menschen so liebte, entschloss er sich, seinen Richterstuhl aufzugeben. Er wurde wie der Mann auf der Anklagebank und bezahlte für ihn die Schuld.«

»Und du sagst, dass Gott das für uns getan hat?«

»Genau. Er musste wie einer von uns werden, um die Schuld zu bezahlen. Darum kam Gott auf die Erde in seinem Sohn Jesus. Jesus starb dann an unserer Stelle, sodass wir von der Strafe befreit werden konnten, die wir verdient hätten, weil wir Gottes Gebote übertreten haben.«

»Das hat er gut gemacht, oder?«, sagte Shane ruhig.

Darüber musste Tony lachen. »Ja, das hat er gut gemacht. Nun musst du dich entscheiden, Shane, ob du das alles glauben willst. Tust du es, sag es Gott. Sag ihm, dass du glaubst, dass Jesus an deiner Stelle gestorben ist, damit Gott dir vergeben und du frei werden kannst.«

»Das will ich«, sagte Shane eifrig. »Was sonst noch?«

Tony hatte eine so schnelle Reaktion nicht erwartet. »Hilf mir, Gott«, betete er eilig, damit er seinem Freund das Richtige sagen würde.

»Ich glaube, ich muss sagen, dass mir alles leidtut, was ich gemacht habe, oder nicht?«, sagte Shane.

»Ja, das ist es«, sagte Tony verwundert. »Dann musst du Gott bitten, dir zu helfen, von den falschen Dingen zu lassen, die du treibst.« Er erinnerte sich an einen von Michaels Briefen: »Und du musst bereit sein, dich Gott völlig auszuliefern.«

»Was heißt das?«

»Na, die Bibel sagt, dass Gott jeden von uns schon kannte, als wir noch nicht geboren waren. Wenn man das glaubt und dass er der allmächtige Gott ist, der Schöpfer aller Dinge, dann hat er es selbstverständlich verdient, dass er die Nummer eins in unserem Leben ist.«

»Na, das versteh ich. Aber was heißt ›völlig ausliefern‹?«

Tony dachte scharf nach. »Mein ganzes Leben war ich immer der Beste, bei allem, was ich machte. Ich war Kung-Fu-Weltmeister, ich war der Erste Leibwächter – niemals hätte ich zugegeben, irgendjemanden nötig zu haben. Es ging mir wie einem Jungen, der prahlt, ein großes Gewicht heben zu können. Er übt und übt, und schafft es am Ende doch nicht. Dann muss er zugeben, Hilfe nötig zu haben. Er kann es allein nicht schaffen. Wenn er um Hilfe bittet, dann liefert er sich dem Helfer aus.«

»Ich weiß nicht, ob ich stark genug bin, diesen ›Stoff‹ aufzugeben«, sagte Shane traurig. Dabei legte er das Päckchen und die schmutzige Nadel zögerlich zur Seite. Tony wusste darauf nichts zu sagen. Er wusste, wie zäh Drogenabhängigkeit sein kann.

»Das ist etwas, was du mit Gott zu regeln haben wirst«, sagte er. »Aber wenn du ihn in deinem Leben hast, wirst du immer einen Helfer bei dir haben – du brauchst nicht mit deiner eigenen Kraft zu kämpfen. Wenn Gott dich frei machen will, wird er dir dabei helfen, wenn du ihn darum bittest. Alles, was wir tun können, ist, zu beten und ihn zu bitten, uns zu helfen, jeden Tag aufs Neue.«

»Machen wir es doch gleich jetzt«, sagte Shane.

Tony wurde nervös. Er hatte nie zuvor laut gebetet, wie Michael es tat. Er wusste kaum, was er sagen sollte. Aber er schloss die Augen und begann zu sprechen. Bald betete Shane in seiner eigenen Sprache mit. Tony öffnete die Augen und sah, wie Shane die Tränen über die Wangen liefen. Doch Shanes Lächeln konnte mit dem von Michael Wright mithalten. Tony verstand nicht, was Shane sagte – aber er wusste, es war ein inniges Gebet, und er glaubte, Gott werde Shane ebenso begegnen, wie er es bei ihm getan hatte.

Tony blickte sich um. Gott hatte hier in diesem Gefängnis ein zweites Wunder gewirkt. Es war, als säße Jesus gerade jetzt neben ihm, um ihm zu helfen, damit er wusste, was er Shane sagen sollte. Nun strahlte auch Tony übers ganze Gesicht. War alles wirklich so wunderbar? War es so leicht, mit Gott zu reden? Hatte er Tonys Gebet bereits erhört? Ja. Dann war es auch kein Wunder, dass Michael Wright ihm sagte, es sei eine gute Botschaft, die er ihm mitteilen wolle.

Endlich begriff Tony, was seinen Freund angetrieben hatte, immer wieder zu kommen, Woche für Woche. *Ich wünschte nur, ich hätte gleich auf Michael gehört*, dachte Tony. *All die Monate hätte ich schon in diesem Glück leben können – statt in dem verzweifelten Elend. Ich brauchte so lange, bis ich ihm vertraute. Mein ganzes Leben lang wurde mir gesagt, ich dürfe keinem trauen. Und wohin hat es mich gebracht!?*

Tony schüttelte den Kopf, als er über seine Dickköpfigkeit nachdachte. Er schämte sich und kam sich dumm vor. Aber nun wusste er, dass Gott nicht so über ihn dachte. Gott hatte ihm einen neuen Anfang geschenkt, und Tony hatte das Gefühl, Gott habe noch viele aufregende Dinge für ihn vorgesehen.

ENDLICH FREI!

In den nächsten Wochen und Monaten berichtete Tony noch vielen anderen Gefangenen von seiner neuen Freude. Es ging ganz einfach. Wie Shane bemerkten auch viele andere die plötzliche und erstaunliche Veränderung bei Tony. Sie wollten dann alle wissen, was mit ihm geschehen war. Und Tony wurde von Tag zu Tag mutiger, ihnen zu erzählen, wie der Glaube an Jesus sein Leben verändert hat. Sogar einige der schwierigsten Männer kamen dahin, dass sie Gott um Erbarmen anriefen. Mit Michaels Hilfe gründete Tony eine Gruppe, in der man die Bibel studieren und daraus lernen konnte und so oft wie möglich zum Gebet zusammenkam.

Eines Tages schaute Tony sich in seiner Zelle um. In jede verfügbare Ecke hatten sich Leute gezwängt. Es war fast komisch anzusehen: Big Ziggy, ein Drogenschmuggler, und Andreas, ein griechischer Bodybuilder, drängten sich wie Sardinen in der Dose, um in seinem Bett noch Platz zu machen für Mohammed, Martin und Hassan. Andere kauerten auf dem Boden. Und alle warteten darauf, dass Tony ihre Versammlung mit einem Gebet begann.

»Wo ist Shane?«, fragte Tony, als er dessen Fehlen bemerkte.

Genau in diesem Augenblick stürmte Simon, ein weiterer aus der Gruppe, herein. Er war außer Atem und verzweifelt.

»Alcaponey hat sich Shane vorgenommen«, sagte er und mochte nicht weiterreden.

Tonys Blut gerann. Er schob Simon beiseite und eilte zu Shanes Zelle. Davor standen schon die Wärter und eine große Gruppe Gefangener. Es herrschte eine unheimliche Stille. Als er versuchte, sich durch die Menge zu drängen, kamen vier Sanitäter mit einer Bahre aus Shanes Zelle.

»Shane?«, rief Tony, die Stille zerreißend. »Shane, lieber Shane!«

»Beiseite!«, schnauzte einer der Wärter. Die Menge teilte sich und starrte ernst auf den zerschlagenen Körper auf der Bahre. Tony meinte, er würde ohnmächtig werden. Noch nie hatte er jemanden so fürchterlich zugerichtet gesehen.

Blutrote Wut durchraste ihn.

Seit der Nacht, in der er zum ersten Mal zu Gott gebetet hatte, war eine solche Wut nie wieder über ihn gekommen. Aber jetzt war es, als hätte er alles vergessen. Er war wieder wie ein wildes Tier – rasend, gefährlich und rachsüchtig.

Als er seinen Freund dermaßen zugerichtet daliegen sah, schwor er Rache und versprach, Alcaponey in tausend Stücke zu zerfetzen.

* * *

Tagelang noch konnte Tony mit niemandem reden, und er hielt sich von den anderen fern. Er wollte nur über eins nachdenken. Er wollte Rache. Er wollte Alcaponeys Blut.

Alcaponey war einer der Wahnsinnigen. Shane

war nicht sein erstes Opfer – aber Tony schwor sich: Er sollte sein letztes Opfer sein. Das Gerücht von Tonys Absichten machte die Runde, und Alcaponey wusste, das Tony hinter ihm her war. Beide Männer warteten nur auf ihre Gelegenheit.

Das Zentralgefängnis hatte viele Flure, die Sackgassen bildeten, dazu noch eine Reihe gesperrter früherer Durchgänge. Das waren unheimliche und gefährliche Stellen. Doch in der neuerlichen Verfinsterung seines Geistes fing Tony an, dort umherzusuchen. So spähte er in dem elenden Schweigen dort unten herum und nährte seine Wut und sann auf Rache. Da war kein Raum mehr für Gott. Tony war wieder allein mit seinen Dämonen der Zerstörung.

Plötzlich echoten die Mauern einen Schrei, der das Blut gefrieren ließ. Alcaponeys mächtige Gestalt tauchte aus dem Dunkeln auf. Er war ein riesiges Scheusal mit mächtigen Muskelpaketen, das eine lebenslange Haft wegen vielfacher Morde verbüßte.

So, er hat mich verfolgt, begriff Tony, und sein Blut begann zu kochen. *Gut. Dann ist es so weit!*

Der Gang war schmal, und ein Vorbeikommen war unmöglich. Tony hatte keine Zeit, sich auf die Verteidigung vorzubereiten. Schon war Alcaponey da und presste ihn gegen die Mauer. Tony konnte Alcaponeys stinkenden Atem riechen, als er vom Boden aufgehoben wurde und genau in Alcaponeys Gesicht schaute. Die Männer hielten einander umschlungen und schauten sich nur starr an.

Tony vertraute auf sein Kung-Fu-Training und

erwartete nur Alcaponeys nächste Bewegung. Obwohl seine Arme festgehalten wurden, wusste Tony, dass er blitzschnell herumgreifen und das Ohr des Scheusals abreißen konnte. ... Aber plötzlich kamen ihm diese Worte ins Gedächtnis:

Dann traten sie herzu und legten die Hände an Jesus und griffen ihn. Und siehe, einer von denen, die mit Jesus waren, streckte die Hand aus, zog sein Schwert und schlug den Knecht des Hohenpriesters und hieb ihm das Ohr ab.

Was war das? Die Worte gingen weiter:

Da spricht Jesus zu ihm: Stecke dein Schwert an seinen Platz; denn alle, die das Schwert nehmen, werden durch das Schwert umkommen. Oder meinst du, dass ich nicht meinen Vater bitten könnte und er mir jetzt mehr als zwölf Legionen Engel stellen würde?

Tony wusste, dass er diese Geschichte in der Bibel gelesen hatte. Es handelte sich um die Geschichte von der Gefangennahme Jesu, bevor er am Kreuz ermordet wurde. Jetzt, während Alcaponey ihn angriff, kamen ihm diese Worte in den Sinn.

Kaum eine Sekunde war vergangen. Alcaponey lachte und redete wirres Zeug, wie ein Verrückter redet, und lud Tony ein, sich zu wehren, bevor er ihn zermalmen würde.

Los, kämpf! Du kannst ihn schaffen, schrie eine Stimme in Tonys Kopf.

Doch da war noch eine andere Stimme:

Ich bin der Weg und die Wahrheit und das Leben.

Tony begriff: Das waren Jesu Worte. Alcaponeys Gesicht kam noch immer näher, und Tony konnte dessen salzigen Schweiß schmecken. Irgendetwas schien Tony davor zurückzuhalten, eine Bewegung zu machen. Er hätte sich auf den Weg des Kung Fu besinnen und dieses Biest zu Brei hauen können. Eigentlich hätte er es tun sollen, oder?

Ja, ja, tu es für Shane. Tu es für deinen Freund!, klang die erste Stimme in seinem Ohr.

Ich bin der Weg …, ertönte es leise, *… die Wahrheit und das Leben.*

Plötzlich formten sich Worte in Tonys Mund. Er hörte sich selbst klar und deutlich in die Dunkelheit sprechen. Und sogleich verspürte er gar keine Lust mehr auf Alcaponeys Blut.

»Im Namen Jesu Christi befehle ich dir, mich in Ruhe zu lassen!« Es war Tonys Stimme, aber er begriff es kaum. Plötzlich erstarrte Alcaponeys Gesicht in Angst und Schrecken, und er ließ Tony zu Boden sinken.

Augenblicke später war Tony allein und zitterte. An die Wand gelehnt, ließ er sich langsam sinken, bis er auf dem kalten, feuchten Boden saß, mit den Ellbogen auf den Knien seinen Kopf stützend.

Was war geschehen? Die Minuten vergingen. Alcaponey war nirgends zu sehen. Verwirrt und erstaunt ließ er den Angriff an seinem Geist vorüberziehen, um Klarheit über das alles zu gewinnen.

»Gott hat mich bewahrt«, flüsterte er in grenzenlosem Erstaunen.

Das stimmte.

Tony wusste kaum, wie er erklären sollte, was da passiert war, obwohl alle ganz begierig waren, es zu erfahren. Sie hatten mit einem Blutbad gerechnet. Stattdessen war Alcaponey vor Tony geflohen, und der war völlig unbehelligt aus der Finsternis heraufgekommen. Ja, noch mehr: Seine Wut schien gänzlich fort zu sein. Da war zweifellos etwas sehr Erstaunliches geschehen. Als Tony ihnen die Wahrheit sagte, dass Jesus ihn gerettet hätte, waren einige ziemlich ratlos. Aber viele andere setzten von jetzt an auch ihr Vertrauen auf Gott. Sie wussten, dass Tony die Wahrheit sagte.

Tony selbst wurde noch etwas klar: Endlich war der Tiger frei geworden!

NACHWORT

Der Schrei des Tigers ist eine wahre Geschichte. Tony Anthony wurde nach China geschickt, um dort zu leben, als er erst vier Jahre alt war. Vom Rohrstock seines Großvaters erzogen, wurde er zu einem überaus tüchtigen Kampfsportler und konnte Dinge vollbringen, die viele für übernatürlich halten würden. Der kleine hilflose Junge wurde ein zäher Mann von großer mentaler Stärke und körperlicher Kraft. Doch zeigt seine Geschichte, dass dies zu seiner größten Schwachheit wurde.

Am 3. Mai 1990, während er im Zentralgefängnis von Nikosia eingesperrt war, wurde er wieder zu einem Kind … zu einem Kind Gottes. Sein ganzes Leben lang hatte er sich nach Liebe, Annahme und Anerkennung durch seine Familie gesehnt, wurde aber immer fallen gelassen. Jetzt hatte er einen neuen und vollkommenen Vater, der ihn liebte trotz allem, was er getan hatte.

Tonys Zusammenstoß mit Alcaponey hatte ihm gezeigt, dass ein Gott ausgeliefertes Leben ein auch von Gott beschütztes Leben ist. Tony brauchte kein Kung Fu anzuwenden, auch benötigte er nicht die Kraft des Chi, um ihn stark zu machen. Es war Gott, der ein Wunder wirkte und ihn vor Alcaponey rettete, ohne dass ein Tropfen Blut floss. Tony begriff auch, dass er immer noch frei war, seinen eigenen Weg zu gehen. Er war ein Kind Gottes, nicht ein willenloser Sklave. Er konnte seine eigenen Entscheidungen treffen und dabei auch große Fehler machen. Nachdem Shane ermordet worden war, kehrte er zu seiner alten Wut zurück und wandte sich von Gott ab – aber Gott hatte sich nicht von ihm abgewandt. Stattdessen ging er mit Tony an diesen finstern Ort, stand ihm in seinem Schmerz bei und rettete ihn vor sich selbst.

Nikosia war nicht das Ende seiner Gefängniszeit … aber das ist eine andere Geschichte.

* * *

Heute reist Tony durch die ganze Welt und erzählt seine Geschichte. Ältere Leser können in dem internationalen Bestseller *Den Tiger zähmen* mehr über ihn erfahren. Das Buch ist in deutscher Sprache ebenfalls bei CLV erschienen.

Weitere Informationen über Tony Anthonys Arbeit:
www.avantiministries.com

Tony Anthonys E-Mail-Adresse lautet:
tony@avantiministries.com

Eckart zur Nieden
Tasso – Krieger, Händler, Bärentöter

**Ein Roman
aus der Germanenzeit**

432 Seiten, Paperback
ISBN 978-3-86699-210-8

Tasso ist noch ein Junge, als die drei Legionen des Varus von den germanischen Stämmen vernichtend geschlagen werden. Der schwer verletzte römische Legionär, dem er das Leben rettet, begleitet ihn auf dem Weg des Erwachsenwerdens. Dabei ist und bleibt Tassos Leben ein ständiger Kampf: Nach schweren Konflikten zerreißt seine Familie, er muss sich auf abenteuerlichen Fahrten bewähren, um das Leben des Mädchens kämpfen, das er liebt, und Streitigkeiten innerhalb seines Stammes durchstehen. Schließlich wird er zum Krieger in den Schlachten gegen die Römer, die er nur knapp überlebt. Aber dann flammen alte Stammes-Fehden wieder auf – und die Gefahr für ihn, seine Familie und seine Freunde spitzt sich zu. In dieser brenzligen Situation taucht sein Freund, der römische Legionär, wieder auf ...

Leseprobe auf den nächsten Seiten ⇒

Aber die Ziege strafte ihn mit Nichtachtung und graste einfach weiter.

»Komm nach Hause! Komm!«

Tasso überlegte, dass es mühsam sein würde, das Tier den ganzen Weg zurück vor sich her zu treiben. Er band seinen Gürtel ab, an dem sein Messer hing, und band ihn der Ziege um den Hals. Dann zog er – »Komm mit, du Ausreißer!« –, und sie folgte auch willig.

Als Tasso am Waldrand war und sich zur Seite wandte, hörte er plötzlich einen Ruf. Er erschrak, blieb stehen und blickte sich um. Niemand war zu sehen.

Er meinte schon, er müsse sich geirrt haben, und wollte sich zum Gehen wenden. Aber da war es wieder, das schwache Rufen. Es klang wie eine menschliche Stimme, aber Tasso konnte nichts verstehen. Sollte er danach suchen oder lieber zusehen, dass er fortkam?

Etwas lauter kam jetzt das Rufen, sodass er es ungefähr orten konnte. Als er den Blick dahin richtete, woher er das Geräusch zu hören meinte, bemerkte er eine Bewegung.

Am liebsten wäre Tasso davongelaufen, aber seine Neugier hielt ihn. Langsam, die Ziege hinter sich her ziehend, ging er näher an das Gebüsch heran, in dem er die Bewegung beobachtet hatte.

Als er etwa zehn Schritte entfernt war, blieb er stehen. Ganz heran traute er sich doch nicht.

Da sprach jemand. Es war eine männliche Stimme, aber Tasso verstand sie nicht. Anscheinend redete der in einer fremden Sprache. Tasso wusste, dass andere Völker anders redeten, aber er hatte es noch nie gehört. Nur einmal, als Tjeff gestolpert war und in seiner Sprache geflucht hatte.

Jetzt erschien der Arm wieder, und dann kam ein Mann aus dem Gebüsch gekrochen. Tasso trat ein paar Schritte zurück. Der Mann war ein römischer Legionär. Tasso sah es gleich an dem Brustpanzer aus Leder und den über die Waden geschnürten Schuhen, auch an dem kurzen Schwert an seiner Seite. Er war jung, vielleicht nur achtzehn oder neunzehn Jahre alt.

Er bewegte sich viel zu langsam und anscheinend hilflos, als dass er Tasso Angst eingeflößt hätte. Außerdem sah er ihn aus dunklen Augen bittend an.

»Wer bist du?«, fragte Tasso leise.

Er dachte gar nicht daran, dass der ihn wahrscheinlich nicht verstand.

Der andere redete einige unverständliche Worte. Dann richtete er sich mühsam in eine sitzende Stellung auf, zeigte auf seine Brust und sagte: »Leonides. Leonides.« Dann zeigte er auf Tasso.

Der begriff. Er klopfte sich auf die eigene Brust und sagte: »Tasso. Ich bin Tasso.«

»Tasso«, wiederholte der Legionär und nickte. Dann zeigte er auf seine rechte Wade. Jetzt erst sah es Tasso. Der Mann hatte ein Stück von seinem Hemd abgerissen und da herumgebunden, dicht unterm Knie.

Jetzt löste er den Knoten und nahm den Verband ab. Eine tiefe, hässliche Wunde kam zum Vorschein. Das Blut, das daraus über das Bein geflossen war, war bis auf einige Spuren abgewaschen, und jetzt blutete die Wunde nicht mehr. Dafür eiterte sie aber. Es war ein erschreckender Anblick, und Tasso wandte sich schnell ab.

Wieder redete der Fremde, während er den Leinenstoff wieder um sein Bein band.

»Warst du in der Schlacht? Du – mit Varus?«

»Varus!«, nickte der andere.

Tasso wusste nicht, was er nun tun sollte. Dieser Mann war offenbar ein Feind. Sollte er im Dorf verraten, dass er hier lag? Dann würden sie kommen und ihn töten. Aber der Legionär tat ihm leid. Er hatte so freundliche, bittende Augen. Und er war verletzt und konnte sich nicht wehren.

Außerdem müsste ja dann Tassos Vater auch ein Feind sein. Wenn der nun hierläge! Der war doch auch in der Armee Roms! Vielleicht waren die beiden Freunde?

Jetzt machte der Mann eine Bewegung mit der Hand zum Mund, die in allen Kulturen als Zeichen für Essen verstanden wird, und strich sich über den Bauch. Dabei sah er Tasso bittend an.

»Ich habe nichts«, sagte der. Aber dann fiel ihm ein: »Ich könnte meine Ziege melken.« Er zeigte auf den Euter. Der Fremde nickte freudig.

Tasso führte die Ziege zu ihm hin. Der Mann beugte sich und hielt den Mund darunter. Tasso melkte und versuchte, mit dem Strahl der Milch in seinen Mund zu treffen. Das gelang nicht auf Anhieb, aber das meiste der kostbaren Milch kam doch richtig an.

Als nichts mehr kam, richtete sich der Mann

wieder auf. Tasso musste unwillkürlich lachen, als er die Milchspritzer in seinem Gesicht sah. Da lachte der Legionär auch.

Das gemeinsame Lachen überwand den Abstand zwischen ihnen noch ein bisschen mehr.

»Und jetzt?«, fragte Tasso laut. Beide sahen sich an und wussten nicht weiter. Das Lachen wandelte sich in Verlegenheit.

»Tassos«, sagte der Fremde.

Der Junge schüttelte den Kopf. »Nicht Tassos! Tasso!«

»Tasso.«

»Und du? Ich hab's vergessen.« Er zeigte mit dem Finger auf den Legionär.

»Leonides.«

»Leonides«, wiederholte Tasso. »Leonides. Kommst du aus Rom? Du – Rom?«

Leonides schüttelte den Kopf. »Kreta.«

»Kreta?« Tasso zuckte die Achseln.

Der Fremde redete wieder ein paar Worte. Aber als er das ahnungslose Gesicht des Jungen sah, brach er seine Erklärungsversuche ab. Wieder sahen sie sich hilflos an. Dann machte der Krieger noch einmal das Zeichen für Essen. Tasso breitete die Arme aus und hob die Schultern.

Aber dann hatte er sich entschlossen. »Ich hole dir was!«, sagte er, ging mit staksigen Schritten ein Stück, nahm mit überdeutlichen Bewegungen etwas Unsichtbares von der Erde auf und eilte zu dem Mann zurück, um ihm das Nichts zu reichen. Der lächelte dünn und tat, als nähme er es ihm ab.

»Ich kann aber erst morgen kommen. Morgen!

Verstehst du?« Tasso merkte am Gesichtsausdruck des Legionärs, dass er ihn nicht verstand. Aber das war nicht so schlimm. Er würde es schon merken.

Der Junge nahm seine Ziege und ging davon.

»Tasso!«, rief ihm der Mann nach. Er zeigte auf seine nackten Arme und schüttelte sich, als fröre er. Dann streckte er den Finger nach der Sonnenscheibe aus, die ihren höchsten Punkt längst überschritten hatte, und führte ihn langsam bis zum westlichen Horizont. Er legte die Hand vor die Augen, um Finsternis anzudeuten.

»Ach, dir ist es kalt in der Nacht? Ich gebe dir meinen Pelz. Damit kannst du dich zudecken.« Tasso reichte ihm das alte Fell, und Leonides strahlte ihn dafür dankbar an.

Dann eilte Tasso davon. Am liebsten wäre er gerannt, aber daran hinderte ihn die Ziege.

* * *

»Wo warst du denn, Tasso?« Mutters Stimme klang streng. »Es ist Mittag! Du hast dich nicht um das Vieh gekümmert! Du weißt, dass ich den Nachbarn bei der Ernte helfen muss!«

»Ja, ich ... Mutter, ich muss dir etwas sagen, etwas Wichtiges. Erst wollte ich es dir verheimlichen, aber das geht jetzt nicht mehr. Ich ...«

Tasso blickte sich ängstlich um, ob auch niemand in der Nähe war. Sie waren allein. Er hatte Glück, dass sie noch nicht auf den Feldern war. Gerade hatte sie ihre Sichel geschärft und am Gras neben ihrem Haus ausprobiert.

Josh McDowell
Wer ist dieser Mensch?

224 Seiten, Taschenbuch
ISBN 978-3-89397-491-7

Jeder Mensch sehnt sich nach Glück, so Thomas von Aquin. Gleichzeitig fragt der Mensch, wer er ist und wohin er geht.

Josh McDowell forscht nach Antworten. Er entdeckte sie, wo er sie nicht erwartet hätte: bei Jesus Christus. Heute ist er überzeugt: Jesus spielt die zentrale Rolle der Menschheitsgeschichte. Er ist einmalig. Er ist vertrauenswürdig. Das veranschaulicht McDowell mit vielen Beispielen aus Literatur, Wissenschaft und Geschichte.

Der Weltbestseller wurde 15 Millionen Mal verkauft und in über 85 Sprachen übersetzt. Für diese Ausgabe haben ihn Josh und sein Sohn Sean McDowell völlig überarbeitet.

Das CLV-Lesebuch

Das Gesamtverzeichnis
aller CLV-Produkte –
komplett vierfarbig,
viele Leseproben.

Bibeln · Kommentare & biblische Lehre
Nachfolge & Jüngerschaft · Evangelistische Bücher
Biografien & Erzählungen · Sachbücher & Zeitkritisches
Kinder- & Jugendbücher
Andachtsbücher · Bildbände
CDs und DVDs · fremdsprachige Bücher

BÜCHER, DIE WEITERHELFEN

Dieses Buch erhalten Sie in Ihrer Buchhandlung
oder bei CLV · Postfach 11 01 35 · 33661 Bielefeld